KB097250

헌법에 없는 언어

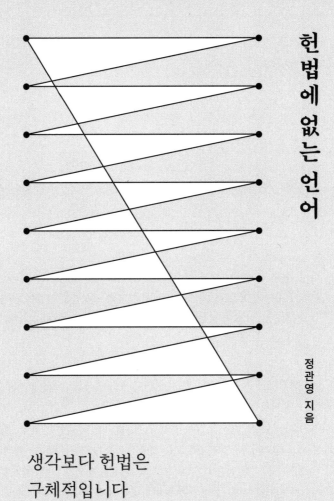

헌법에 없는 언어

정관영 지음

생각보다 헌법은
구체적입니다

오월의봄

마치 한 편의 여행기 같다. 여행기를 읽는 이유는 여럿이다. 여행 중 글 쓴이의 시선이 머문 곳, 거기서 비롯된 사유와 감성을 따라잡는 재미도 그 가운데 하나다. 이 여행기가 그렇다. 우선 글감이 참신하다. 읽는 이를 끌어들이는 수사修辭와 논증도 산뜻하다.

여행의 목적지는 '헌법적 정의'다. 여행길은 '헌법에 없는 언어'에서 시작되었다. 하지만 간 길은 여러 갈래다. 헌법에 '없는' 언어라 쓰고 '없는' 안에 다양한 언어들을 담았다. '없는 듯하지만 있는' 언어, '있는 듯하지만 없는' 언어, '없지만 있어야 할' 언어, '있지만 없어야 할' 언어, '있지만 있으나 마나 한' 언어들을 모두 섭렵하고 있다. 저자가 말한 '생명권' '경영권' '노동' '근로의무' '평등' '사회복지' 같은 언어가 그 각각의 예가 아닐까 짐작해본다. 그 갈림길 하나하나에서 묻어나는 저자의 헌법적 정의에 대한 감수성과 묵직하게 던지는 질문들에 찬사를 보낸다.

여행이 주는 가장 큰 매력은 '아는 것보다 훨씬 많은 것을 보고, 본 것보다 훨씬 많은 것을 알게 되는 것'에 있다고 한다. 벌써 저자의 또 다른 빛나는 여정이 기대된다.

— 전前 대법관, 법무법인 지평 대표변호사 김지형

법은 나를 규제하며 옭아매는 그 무엇이고, 법과는 멀리 살수록 잘 사는 것이라고 막연히 생각하고 있다면 헌법에 대해 알아볼 필요가 있다. 법 중의 법, 최상위 규범인 헌법은 인간의 기본권과 국가의 기본권 보호의 무를 선언함으로써 법을 통해 공동체 구성원들의 자유와 권리가 보장되는 공동체의 지향을 제시하고 있기 때문이다.

헌법의 내용만큼이나 중요한 것은 시민들이 느낄 헌법의 효능감일 것이다. 저자는 헌법이 교과서적인 이상으로만 존재하는 것이 아니라 살아 있는 규범으로 작동할 수 있도록 법률가로서 어떤 역할을 할 수 있을까 고민한다. 그 결과 이 책은 많은 결정과 판결을 소개하면서 헌법이 어떻게 시민들의 구체적인 삶에 적용되는지를 다각도로 보여준다.

읽으면서 시민으로서 헌법 공부를 하면서 느꼈던 감동을 다시 한번 체감했고, 판사로서는 재판을 하며 헌법 원칙을 실질적으로 구현하고 있는지 자성하는 기회를 가졌다. 더 많은 사람들이 이 책을 통해 헌법의 내용과 작동 원리를 고민하고 토론하면서 헌법의 효능감을 느끼게 되길 희망한다.

— 대구지방법원 판사 류영재

시민을 통제하는 것은 법률이고 국가를 통제하는 것은 헌법이다. 상황에 따라 변화하는 시민의 의사로도 바꾸지 못하는 근본적인 규범이 헌법이다. 그래서 헌법은 국민의 의사를 무력화하기도 한다. 이것이 현대 민주주의의 작동 방식이다. 이 책은 이러한 헌법을 누구라도 말할 수 있게 알려주고 있다. 일상에서 맞닥뜨리는 문제를 헌법의 눈으로 풀어서 보여준다. 그러면서도 헌법 고유의 논리를 잃지 않고 있다. 극단으로 치닫는 우리 사회가 따뜻한 헌법 토론으로 치유되기를 바라는 사람에게 필요한 책이다.

—《경향신문》사법 전문 기자 이범준

일러두기

1. 우리 헌법의 정확한 이름은 '대한민국헌법'이다. 이 글에서는 '헌법'이라 썼다. 기본적 인권, 기본권, 인권은 같은 의미로 사용한다.

2. 판례는 기본적으로 관행에 따라 표기한다. '서울남부지판'은 서울남부지방법원 판결, '서울고판'은 서울고등법원 판결, '대판'은 대법원 판결의 줄임말로, 여기에 선고 날짜와 사건번호를 함께 붙였다. 사회적으로 알려진 이름이 있는 사건은 그 이름을 붙이기도 하고, 사건의 특징을 따서 저자가 사건명을 만들기도 했다(예. 서울대 ○ 교수 성희롱 사건(대판 1998. 2. 10. 95다39533)). 헌법재판소 결정은 위헌, 헌법불합치, 인용, 합헌(기각을 포함), 각하 같은 재판 결과도 함께 표시했다(예. 박근혜 대통령 탄핵 사건(헌재 2017. 3. 10. 2016헌나1, 인용)).

3. 법조문을 표기할 때는 원래 숫자 앞에 붙여 차례를 나타내는 '제第'를 넣지만 이 글에서는 생략한다. 참고로 국회나 법제처에서 법령을 만들 때는 '제1조제1항'으로 조와 항을 붙여 쓰는 반면, 법원에서 판결문을 작성하거나 변호사들이 법률 서류를 쓸 때는 '제1조 제1항'을 띈다는 세세한 차이가 있다.

4. 인용 구절의 강조는 모두 저자의 것이며, 인용 구절 안의 대괄호(〔〕) 역시 저자의 것이다.

5. 본문에 인용된 박경리의 〈우리들의 시간〉은 한국복제전송저작권협회를 통해 이용허락을 받았다.

나는 헌법정신이 싫다

헌법학만큼 추상적이라고 오해받는 법학 분야도 없다. 헌법정신이라는 말은 '헌법의 추상성'을 잘 보여준다. 미디어나 SNS에서 정치인, 언론인, 지식인들은 너나 할 것 없이 서로 헌법정신을 지키라고 한다. '헌법정신에 어긋난다' '헌법적 가치와 맞지 않다'며 말의 성찬을 늘어놓거나, 구체적인 논거를 제시하지 않고 헌법정신을 들먹이며 구렁이처럼 논증의 담을 슬쩍 넘어가기도 한다. 아니면 서로 자기 생각이 헌법정신에 맞다며 아전인수 격 논쟁을 벌이는데, 그 속에서 헌법정신은 솔로몬의 재판처럼 누구의 것인지 알기 어렵다. 저마다 각자의 주장을 위해 헌법이라는 공통의 항아리 속 헌법정신을 쏙쏙 빼간다.

심지어 헌법재판소나 대법원의 판례에도 헌법정신이 등장한다. 2019년 4월 11일에 선고된 2차 낙태죄 사건의 다수의견은 임신 초기 상태를 낙태죄로 처벌하는 것이 헌법에 합치되지 않는다고 판시했다.¹ 다수의견에 반대한 소수의견도 있었다. 낙태죄 처벌이 합헌이라고 피력한 소수의견의 일부 내용에서도 헌법정신이란 단어가 등장한다.

> 헌법 전문前文은 "자유와 권리에 따르는 책임과 의무를 완수하게 하여"라고 선언하고 있다. 성관계라는 원인을 선택한 이상 그 결과인 임신·출산에 대하여 책임을 져야 하는 것이 위와 같은 **헌법 정신**에도 맞는다. 임신한 여성은 '임신상태'라는 표지를 제거하여 행복을 찾을 것이 아니라 태아를 살려서 행복을 찾아야 한다. 〔중략〕 낙태를 합법화한다면 훗날 우리조차 다음 세대의 불편요소로 전락해 안락사, 고려장 등의 이름으로 제거될 수 있다.
>
> ― 2차 낙태죄 사건 결정의 소수의견 중에서―

이 소수의견은 성관계를 선택했으면 임신과 출산을 책임져야 하고, 그게 '자유와 권리에 따르는 책임을 완수하는 헌법정신'에 부합한다고 설명한다.

그런데 달리 생각해보자. 헌법정신은 다수의견에도 붙일 수 있는 단어다. 이 사건 다수의견의 입장처럼 임신 초기에는 낙태를 범죄로 처벌하지 않음으로써 '여성의 자기결정권을 보장하는 것이 기본적 인권을 보장하는 헌법정신'에 부합하는 것이라 말할 수 있다. 어떤 사람은 소수의견보다 더 나아가서,

임신의 공동 책임이 있는 상대 남자도 낙태죄의 공범으로 처벌해야 '자유에 따르는 책임을 완수하는 헌법정신'을 온전히 실현하는 것이라 주장할지도 모른다. 이처럼 헌법정신은 아무데나 쉽게 가져다 쓸 수 있다.

머릿속을 맴도는 정신이나 추상적인 가치로만 헌법을 표현하면 헌법 규정이 우리 현실의 삶으로 내려오지 못하고 애매모호한 목표처럼 될 수 있다. 헌법은 실제적 규범이다. 민주주의가 그 사회에 내재화되는 만큼 헌법은 현실에 가까이 붙는다. 생각보다 헌법은 구체적이라고 나는 생각한다.

헌법은 살아 움직인다. 생활에서 온전히 구현되는 최고 법이다. 헌법 규정에 위반된 법률은 하루아침에 효력을 잃어 삭제된다. 다른 이의 인격권 같은 기본권을 침해한 사람은 상대방에게 직접 민사 손해배상을 해줘야 한다. 헌법재판을 통해 대통령을 비롯한 공무원이 바로 물러난다.

일부 법률가들도 헌법을 자주 다루지 않기 때문에 헌법을 추상적인 법이라 보는 경향이 있다. 하물며 시민들에게 헌법은 더 어려울 것이다. 그러나 헌법을 누구나 알고 말할 수 있어야 한다. 국민이라면 누구든지 헌법과 기본권을 쉽게 언급할 수 있으면 한다. 이 책에는 둥둥 떠다니는 헌법 개념을 논리의 틀에 꿰어서 적은 문장들이 있다. 헌법적 주장이 눈에 나타나도록 했다. 헌법의 논증 방식, 즉 헌법적 사고 방식을 선보이려 했다.

이 책의 1부 '인권도 가끔 쓸모 있을 때가 있지'에서는 헌법의 기본권이 판결에서 어떤 문장과 언어로 나타나는지 확인한다. 납세의무, 병역의무 같은 헌법의무를 준수하며 살아가는 보통의 사람들, 취준생, 워킹맘, 회사원, 노동자의 기본권을 법제도가 잘 보장하지 못할 때, 헌법을 통해 어떻게 기본권을 주장할 수 있는지 살펴본다.

2부 '나름대로 헌법을 이해하기 위하여'는 헌법의 논증과 용어를 다루었다. 노동권과 경영권에 관한 대법원 판결, 생명권과 안전권에 관한 헌재 결정 등 노동에 관련된 판례를 비평한다. 손배가압류, 산업재해 등의 사회 문제, 공무원의 노동 같은 여러 헌법의 개념에 대해서도 나름의 단상을 적었다.

3부 '같은 언어로 다름을 이해하기 위하여'에서는 평등권과 소수자를 다룬 판례에 대한 생각과 감정, 논리를 적었다. 구체적인 삶의 현장에서 기본권이 절실히 필요한 사람들은 '모두'가 아니라 '어떤' 이들이다. 주로 사회에서 배제당한 소수자나 약자들이다. 헌재 판례로는 청년고용할당제 사건, 양심적 병역거부 사건, 군형법상 계간 및 그 밖의 추행 사건을 검토한다. 평등권에 관한 헌법학의 갖가지 설명도 덤으로 볼 수 있다.

4부 '권리는 법률로써 보장할 수 있으며'는 헌법은 결국 법률로 구체화된다는 말을 하고 싶었다. 1부에서 법률이 헌법의 기본권을 제대로 규정하지 못했을 때 기본권이 어떻게 일반 생활에서 효력을 보이는지 쓴 것과 대비된다. 국회가 만드는 법률의 중요성과 그에 대한 헌법의 이론을 국민기초생활 보장법 사건으로 풀었다. 우리 법률이 인간다운 생활권을 어떻게 보장하고 있는지 고민하는 계기가 되면 좋겠다.

변호사는 법을 다루어 시민들에게 적절한 법률서비스를 제공하는 직업인이다. 이 글을 읽는 시민들에게 헌법과 사회에 가까이 가도록 돕는 일도 오늘날 한국 사회에서 법률가가 제공해야 할 것 중 하나라 생각한다. 함께 헌법이 뭔지, 인권이 뭔지 질문하고 머리를 맞대며 여기 우리 손에 잡히는 구체적인 헌법 이야기를 하고 싶다. 헌법에 없는 것만 같은 언어를 발굴해서 쓰려 했다.

목표를 이뤘는지는 모르겠고, 코끼리처럼 커다란 헌법의 뒷다리를 관찰했다는 점은 명확한 것 같다. 노동권, 평등권, 복지권, 자유권이 이리저리 얽힌 문제가 눈에 띄었다. 다른 위치에서 앞다리를 바라보는 사람들과도 열린 태도로 대화하고 싶었다. 그래서 자유권에 대한 이야기도 군데군데 나타난다. 턱수염을 기를 자유를 말하고 양심의 자유를 설명하며 근로의 의무를 비판하는 것은 결국 모두의 자유를 증진하는 방법이라고 나는 생각한다.

헌법은 서로 다른 우리가 유일하게 합의한 공동체의 언어다. 내 주장을 헌법에 근거해서 설명하고 상대가 가진 의견을 듣고 토론하고 서로를 이해할 때, 우리는 거대한 헌법의 구체적인 모습을 더 잘 알게 될 것이다. 또한 공통의 약속을 구체적으로 말할 때 사회가 겪는 갈등을 잘 해결하는 데 도움이 되리라 믿는다. 그때 이런 책은 사라질 수 있을 것이라 기대한다.

1부

인권도 가끔 쓸모 있을 때가 있지

1장. 조종사가 턱수염을 기를 자유

세금 내고 예비군 끌려가도

인간은 이성이라는 도구를 사용해 관습과 상식을 다듬어 명확한 몇 문장의 나열 형태로 축약해 법조문을 만든다. 사람들의 실제 다툼을 해결하려 보편적인 도덕 감정을 입법의 바탕으로 삼는다. 그러다 그 감정을 배제하고 합리만을 추구하기도 한다. 이성과 합리, 상식과 감정을 요리조리 버무려 한데 그려둔 이 추상화抽象畫, 아니 추상문抽象文은 분쟁을 해결하는 기준이된다.

고심 끝에 만든 법이지만 현실 쟁점을 깔끔하게 정리하지는 못한다. 모든 사례를 해결하는 완벽한 법이란 태양 밑에서 녹아버릴 날개를 단 이카루스의 소망이자 산 정상 아래에서 굴러떨어질 바위를 굴린 시지푸스의 희망일지 모른다. 그런 법은 신의 세계에나 있으려나. 왜 그럴까? 삶이 추상이 아니라 구상이라 그렇다. 법은 구체적인 현실을 규율하기 위해 현실을 압축하고 추상화抽象化한다. 실제는 다양한 사례의 집합이라 일반화가 어렵다. 숙고해서 만든 법이지만 적용해보면 예상치 못한 문제가 터져나오고 틈이 보인다. 그렇다고 해서 구상의 끈을 아예 놓을 수도 없다. 법은 실상을 반영해야 하기 때문이다. 법 규정에 실제 사안을 대입했을 때 실용적으로 문제를 해결할 수 있어야 하니까. 결국 법은 현상을 오롯이 담기 위해 구상과 추상 사이를 오간다.

헌법은 여러 법 분야 중에서도 가장 추상적이다. 헌법은 분주한 일상에 가려 손에 잡히지도 않고 눈에 띄지도 않는다. 누구를 위하여 헌법은 울리나. 개인을 위하여 무엇을 하는가. 헌법은 언론·출판·집회·결사의 자유를 행사하는 사회적 소수자만 다루는 것 같다. 다가가기 어려운 근엄한 국가, 답답해 보이는 그들만의 정치, 무겁고 살벌한 권력에 대한 이야기만 들린다. 국가보다는 직장이나 학교 같은 단체가 보통의 시민, 직장인과 노동자, 학생들에게 더 익숙하다. 프리랜서나 자영업자에게도 거래처 기업이 가까울 뿐 국가가 멀게 느껴지기는 마찬가지다. 평범한 우리에게 헌법은 두 입술을 굳게 다물고 고개를 돌린 것인가.

법과 정치를 안다는 사람들, 헌법에 존재한다는 자유와 인권, 정의로운 공정과 진보를 말하는 사람들은 약자의 권리를 보호해야 한다는 말만 계속한다. 직장인도 회사에서는 약자요, 을이다. 워킹맘은 '죄송합니다'를 입에 달고선 하루를 버틴다. 정책 전문가들이여! 오늘날 한반도 남단에서 일어나는 갑질 근절 대책을 마련하고 있는가? 먼저 갑질의 원인과 현상을 파악해야 하지 않겠는가? 당장 1,000명의 회사원에게 이메일을 돌려 익명으로 '갑질이란 무엇인가' 설문조사를 해보시라. 그들이 속초 앞 바닷가에서 갓 잡혀 펄떡거리는 활어같이 싱싱한 갑질과 적나라한 생활 속 적폐 이야기를 생생하게 알려줄 것이다.

반복되는 일상 속에 헌법은 코로나 대유행 이전부터 일반인들과 거리두기를 시행했다. 다만 예외는 있다. 직장인이라면 한 달에 한 번 헌법을 체험하는 삶의 현장이 어김없이 돌아온다. 유리지갑 같은 계좌에서 세금과 각종 사회보험료가 원천적으로 꼬박꼬박 부과될 때다. 국가의 조세징수 권한에 따라 헌법 23조의 기본권인 재산권을 제약하면서 헌법 38조의 납세의무를 실현해나가는 헌법의 모습을 재산 감소로 몸소 경험한다. 한 달 벌어 한 달 살고 이번 달 벌어 지난 달 카드 값 막으며 근근이 사는 사람들에게는 기본권은커녕 "모든 국민은 법률이 정하는 바에 의하여 납세의 의무를 진다"는 것만 헌법에 규정된 듯하다.

인간사 사는 게 다 거기서 거기다. 조선시대 상민들에게 따라붙은 조세, 공납, 역의 의무가 떠오른다. 지역 특산물을 나라에 내는 공납은 갖가지 명목의 금전납부 의무를 지는 각종 조세로 환생했다. 길고 긴 헌법 39조 1항의 국방의 의무도 예나 지금이나 여전하다. 남성은 18세부터 국방부와 병무청의 관할 아래 현역 복무를 이행한 다음 전역해서 예비역의 '신분'으로 지낸다. 40세가 넘어서는 행정안전부가 관리하는 민방위 대원으로 편성된다. 자유를 내려놓고 군대에 가거나 성실히 벌며 제때 세금 내고 살아온 평범한 사람들에게 헌법은 대체 한반도 어디에서 눈에 보이는 효력을 발휘하고 있는 걸까?

취준생과 워킹맘

자, 여기 한 취준생 A가 있다. '신의 직장'이라고 불리는, 금융감독 업무를 수행하는 공기업에 지원했다. 비록 작년에 떨어졌지만 다시 최선을 다해 준비했다. 취업준비 스터디나 모의면접에서 항상 좋은 성적이었기 때문에 나름 합격할 자신도 있었다. 성실하고 치밀하게 임했고 2차 면접까지도 무탈하게 갔다. 그런데 탈락했다. 기대가 큰 만큼 아픔도 컸다. 내 길이 아니었겠지, 열심히 했으니 후회 없다며 스스로를 다독였다. 힘들게 마음을 정리하고 다른 회사에 다녔다.

어느 날 포털사이트에 공기업 채용 비리 기사가 눈에 띄었다. 2년 전 지원했던 그곳의 채용 절차에서 비리가 있었다는 것 아닌가. 뉴스를 클릭하고 검색해서 더 찾아봤다. 자신은 2차 면접 직후 1등이었다. 그런데 채용 절차에 있지도 않던 '세평 조회'를 중간에 끼워넣어 합격자와 탈락자가 뒤바뀌었다. 결국 A는 3등으로 밀려났고 2차 면접에서 3등이었던 사람이 최종 합격했다는 것이다.

이번엔 한 살과 여섯 살, 두 아이를 키우는 워킹맘 B의 이야기를 보자. B는 도로 유지관리 업무를 하는 C 회사에 다녔고 2008년부터 순환도로 요금소에서 근무했다. 2017년이 됐으니 10년째 일한 것이다. 그런데 2017년에 D 회사가 C 회사의 순환도로 유지관리 업무를 넘겨받았다. 소속 회사가 바뀌었지만 직원들은 계속 동일한 요금소에서 같은 일을 했다. B도 새로운 D 회사에서 종전과 같이 지원 업무를 하는 서무 주임 직책을 맡았다. 다만 종전 회사와 근로계약은 끝난 것이니 새로운 회사와 계약을 체결했다. D 회사는 3개월의 수습 기간이 지나야 정직원이 된다는 내용을 근로계약서에 넣었다.

그다음이 문제였다. 전에 다니던 C 회사에서는 석가탄신일 같은 공휴일은 휴무였다. 그러나 새로운 회사 D는 경영 효율성을 위해 공휴일에 모든 팀원이 돌아가며 요금소에 출근하도록 지시했다. B는 석가탄신일에 결근했다. 어린이집이 열지 않아 부득이하게 양육을 해야 하고, C 회사에서 일할 때도 공휴일은 휴무였으며, 다른 요금소의 서무 주임들도 현재 공휴일에 쉰다는 게 그 이유였다. 그는 어린이날, 현충일 등을 포함해서 네 번 결근했다.

공휴일 결근을 하자 아침 7시부터 오후 2시까지 직원들이 돌아가면서 근무하는 초번 근무도 그냥 넘어가지 못했다. 팀장은 B가 초번 근무를 할 때 어린이집 등원 시간에 맞춰 외출을 허용해줬지만 석가탄신일에 출근하지 않자 이러면 앞으로는 외출 편의를 봐줄 수 없다고 했다. 회사 지시에 따른 것이었다. 결국 B는 육아 때문에 초번 근무를 할 수 없었다. 수습 기간 마지막 날인 6월 30일, 회사는 '정식채용 부적격 결정 통보'라 쓰인 문서를 B에게 주었다. 공휴일 결근과 초번 근무 거부 같은 지시 위반 때문에 수습 평가 결과가 좋지 않았다.

먼저 든 사례는 몇 년 전 일어난 '금융감독원 채용 비리 사건'이다. 강원랜드 같은 공공기관, 민간은행 채용 비리 사건들도 비슷한 양상이었다. 이 사건에서 2차 시험까지 1등이었던 A씨는 금융감독원에 손해배상을 청구했다.[2]

두 번째 사안은 2019년의 한 판결 내용을 재구성한 것이다. 아이를 양육하다가 회사에서 본채용을 거부당한 B씨는 노동위원회에 부당해고를 구제해달라고 요구했는데 결국 재판까지 갔다.[3] 그런데 우리 법에 채용 비리로 피해를 본 경우 다시 채용 절차를 진행해서 구제되거나 손해배상을 받아야 한다는 규정은 없다. 양육 때문에 본채용에서 거부된 경우도 마찬가지다. 사실 기업이 직원을 채용할지 말지는 회사 스스로 선택할 수 있다. 헌법상 기본권인 '영업의 자유'에 속한다.[4] 기업의 권리다.

법률에 인권을 구체화하는 규정이 없다면 법원은 이 문제를 어떻게 설명해서 해결했을까? 그 실마리를 던진 판결이 1990년대에 있었다.

직장 성희롱의 손해배상

원고 E가 서울대 화학과의 실험실에 특수 실험기기를 담당하는 조교로 일하기 시작한 1992년 여름이었다. 당시 이 실험기기를 운용하기 위해서는 조교가 기기에 붙어서 업무를 해야 했다. 피고 F는 화학과 교수로서 실험기기의 관리, 감독 차 공동기기실을 자주 들렀다. 기기의 작동 방법을 가르쳐줄 때 컴퓨터 앞에 앉은 원고에게 팔을 뻗쳐 원고 앞의 컴퓨터 자판을 치거나 말하면서 여러 차례 원고의 어깨, 등, 손에 피고의 손이나 팔을 접촉했다.

복도에서 원고를 발견하면 쫓아가 원고의 등에 손을 대거나 어깨를 잡으며 걸어갔다. 반복됐다. 한번은 원고가 물을 달라 해서 피고가 물잔을 건네주자 받는 척하며 원고의 손을 잡고 놓지 않기도 했다.

원고가 정식 조교로 임용된 다음에도 이런 일이 이어졌다. 원고를 위아래로 훑어보면서 몸매를 감상하는 듯한 태도까지 보였다. 불쾌하고 곤혹스러웠다. 그렇지만 원고가 피고에게 명시적인 거부 의사를 표현하기는 어려웠다. 조교로 재임용되어야 했기 때문이다. 피고는 실험기기 조작에 관한 지휘감독권을 가져 재임용에 영향력을 행사할 수 있었다.[5]

네 번에 걸친 재판에서 이러한 사실이 밝혀졌다. 결국 피고는 원고에게 성희롱이라는 불법행위에 대한 손해배상금을 지급했다. 이 사건 원고의 변호사 중 한 명은 박원순이었고 1심에서 3,000만 원이었던 손해배상금은 최종 재판에서 500만 원만 인정됐다.

우리나라에서 최초로 직장 성희롱에 대한 불법행위 손해배상 책임을 인정했던 사건이었다. 그때는 피해자의 성을 붙여 'ㅇ 조교 사건'이라 했다. 성범죄에 대해 피해자 입장이 함께 고려되지 않고 직장 성희롱이라는 개념도 희박하던 시절의 명칭이었다. '서울대 ㅇ 교수 성희롱 사건'으로 부르는 게 맞다.

아이들도 놀이터에서 놀다 서로 손해배상하라며 장난을 칠 정도로 손해배상 소송은 온 국민이 다 아는 가장 대표적인 민사소송이다. 사인私人과 사인私人, 그러니까 직원과 직장 상사, 개인과 법인 사이에서 불법행위로 말미암은 손해를 배상하라고 요구하는 사건이다. 손해배상은 전형적인 민사 사건인 만큼 채권법을 비롯한 민사법 이론 안에서 해결된다.

그런데 이 사건은 달랐다. 민법 750조에 따라 인정되는 일반적인 손해배상 사건이지만 특이하게도 사인 간 소송과 거리가 멀 것 같은 헌법과도 연관된다.

민법 제103조(반사회질서의 법률행위) 선량한 풍속 기타 사회질서에 위반한 사항을 내용으로 하는 법률행위는 무효로 한다.
제750조(불법행위의 내용) 고의 또는 과실로 인한 위법행위로 타인에게 손해를 가한 자는 그 손해를 배상할 책임

이 있다.

　피고인 교수 F는 고의적인 성적 언행으로 민법 103조에서 규정한 '선량한 풍속 기타 사회질서'를 위반해서, 원고인 조교 E에게 위자료라고도 부르는 정신적인 손해를 입혔다.[6] 이때 '어떤 권리'를 침해해서 선량한 풍속 기타 사회질서를 위반한 것인지를 구체적으로 논증하는 게 문제였다.

회사원을 위한 헌법 랩소디

당시 민사법이나 노동 관련 법률에 성희롱으로부터 보호받는 권리는 딱히 규정되어 있지 않았다. 성희롱이란 행위를 하면 법적 책임을 져야 하는 건 맞는 것 같지만, 성희롱이 왜 위법한지에 대한 기존 판례 법리도 없었다. 성희롱이란 개념 자체도 생소했다. 같은 논리의 판결判決이 쌓이면 판례判例가 되고 그게 굳어져 법리法理가 형성된다. 재판부는 새로운 논거를 제시해 논증 공백을 메워야 했다. 대법원은 고심 끝에 이렇게 구성했다.

　그러한 성적인 언동은 비록 일정기간 동안에 한하는 것
　이지만 그 기간 동안만큼은 집요하고 계속적인 까닭에
　사회통념상 일상생활에서 허용되는 단순한 농담 또는

호의적이고 권유적인 언동으로 볼 수 없고, 오히려 원고로 하여금 성적 굴욕감이나 혐오감을 느끼게 하는 것으로서 원고의 인격권을 침해하였다고 할 것이고, 이러한 침해행위는 선량한 풍속 또는 사회질서에 위반하는 위법한 행위이고, 이로써 원고가 정신적으로 고통을 입었음은 경험칙상 명백하다 고 할 것이다. 따라서 위 피고의 위와 같은 성적인 언동은 불법행위를 구성한다 할 것이므로 피고 1로서는 원고에 대하여 원고가 입은 정신적 손해를 배상할 책임이 있다고 할 것이다.[7]

판결은 손해배상에 관한 민사 사건이지만 공법의 최고봉인 헌법까지 파고들었다. 헌법 10조에 따른 '인간의 존엄과 가치'에서 '인격권'이라는 기본적 인권이 도출되는 점에 주목했다.

헌법 제10조 모든 국민은 인간으로서의 존엄과 가치를 가지며, 행복을 추구할 권리를 가진다. 국가는 개인이 가지는 불가침의 기본적 인권을 확인하고 이를 보장할 의무를 진다.

피고의 성적 언행은 원고에게 성적 굴욕감이나 혐오감을 느끼게 하는 침해행위다. 이 행위는 인격권이라는 헌법상 기본권을 침해하는 것이다. 인격권 침해행위는 민법 103조의 선량한 풍속 또는 사회질서를 위반하는 것이기 때문에 민사상 위법행위가 된다는 논거를 선보였다. 민사 판결의 결론을 위해 헌법의 기본권인 인격권부터 출발한 것이다.

여기서 의문이 들 수 있다. '아니, 법원이 민사든 형사든 어떤 재판이든지 간에 판결을 할 때 인권 침해가 문제된 사안이라면 헌법부터 검토해서 판결문에 쓰는 것은 당연한 것 아닐까?' 현실은 그렇지 못하다. 헌법이 재판에서 등한시되는 건 여러 이유가 있겠지만, 법관을 포함한 법률가들도 헌법을 추상적으로 여기고 실제 민사나 형사 문제를 해결하거나 논증하는 데 별 도움이 되지 않는다고 보기 때문이기도 하다.

대법원의 대법관이나 헌법재판소 재판관 후보 가운데 일부는 언론에 소개될 때 '후보자는 법조계에서 헌법 분야에 정통하다고 알려져 있다'고 언론에 보도되기도 한다. 법원에서 근무하다가 헌법재판소로 파견을 간 경력이 있다거나 헌법 관련 학회에 참여했다거나 헌법 관련 논문을 썼다면 보통 그렇게 평가된다. 반면 그런 경력이 없이 평생 판검사를 하다가 헌법재판관이 되면 헌법재판에 익숙치 않아 헌재에서 그간 근무한 헌법연구관들에게 '속성 과외'를 받기도 한다.[8]

하지만 그 자리에 수십 년의 법조 경력을 쌓고 가는 법률가라면 헌법과 기본권에 대해 정통한 것은 당연해야 하지 않을까. 고위 법관들이 민형사 같은 일반 사건의 전문성을 갖추면서도 헌법까지 잘 알고 있다면 국민의 인권을 지키는 데 진정 도움이 되지 않을까. 어쩌면 당연한 게 보도될 만큼 헌법에

'정통한' 전문가가 많지 않다.

비단 우리 법조계만 겪는 문제는 아닐 것이다. 나라마다 차이는 있을지언정 이런 문화가 형성된 건 유구한 세계적 전통일지 모른다.[9] 민법은 로마법과 게르만법부터 어림잡아도 2,000년에 가까운 역사를 갖는다. 반면에 보편적 인권이 인정되고 헌법이 만들어지기 시작한 건 겨우 200~300년 남짓이다. 수천 년 동안 호모 사피엔스가 갈고닦은 민사법의 법령, 법리, 체계, 이론에 따라 21세기 현대 재판도 촘촘하게 진행된다. 그 틈으로 헌법의 기본권 개념과 논리가 파고드는 게 쉬운 일은 아니다.

영미법이 아닌 유럽의 대륙법을 이어받은 우리 사법제도도 민사 사건, 형사 사건, 헌법 사건, 행정 사건이 명확히 구분되어 있다. 헌법 내용이 민사법과 형사법, 행정법 같은 일반 법률 분야에 체계적으로 구체화되어 있다고 전제하기 때문에 법령과 판례가 치밀하게 구성된 경우는 재판에서도 별다른 문제가 없다. 문제는 앞의 사례처럼 법률에서 기본권의 공백이 발생할 때나 인권의 내용이 민형사 사건을 규율하는 일반 법률에 충분히 반영되지 않았을 때 생긴다.

우리 법조 실무에서 기본권과 헌법이 본격적으로 강조된 건 1987년 개정된 6공화국 헌법(9차 개정 헌법, 헌법 제10호)에 따라 만들어진 헌법재판소의 헌법재판이 시작된 다음이다. 국가와 헌법, 기본권에 관한 굵직한 재판을 담당하는 헌재에서 많은 판례가 쏟아졌다. 1970~1980년대 사법고시 교재로 보던 헌법학 이론서는 200~300쪽에 지나지 않았지만, 각종 헌법 이론도 축적되어 지금은 2,000쪽을 넘나드는 헌법 교과서들이 나온다. 그 덕에 법조계에서도 예전보다 헌법이 강조되고 있다. 하지만 1990년대까지만 해도 헌법재판소를 제외한 일반 법원이 개인 사이에서 벌어지는 민사재판 판결문에 헌법의 인권을 언급하는 경우는 흔하지 않았다.

다시 본 판결로 돌아와서 사건에 적용된 대법원 판결 법리를 확대해보자. 회사(학교) 상사(교수)가 직원(조교)의 기본권(인격권)을 침해하면 바로 민사상 손해배상을 해줘야 하는 것이다. 한 줄로 쓰고 읽어보면 너무나 당연한 법리다. 이 사건이 발생한 지 30년 가까이 지난 지금에야 직장 성희롱, 직장 갑질, 직장 괴롭힘 같은 문제가 본격적으로 논의된다. 1990년대나 그 전에는 이런 문제가 없어서 대두되지 않은 걸까? 아니면 더 많았지만 문제라 보지 않았고 사회적으로 해결할 의지가 없었던 것 아닐까? 사회 변화란 자동차가 있긴 있는데 헌법에서 정한 '규정속도'보다도 느리게 달린다는 생각을 지울 수 없다.

직장 성희롱, 직장 갑질, 직장 괴롭힘 같은 문제들도 마찬가지다. 제대로 규율하는 법률이 없다면, 이 문제들은 본질적으로 헌법상 인간의 존엄과 가치에서 유래되는 기본권인 인격권과 관련된다. 평범한 직장인에게 헌법이 의무가 아닌 기본권으로 나타나서 힘을 발휘하는 지점은 이와 같은 곳이다. 이후 법원도 국가 대 개인의 관계뿐 아니라, 개인과 개인의 민사적 법률관계에서 기본적 인권을 다루기 시작했다.

턱수염이냐 퇴사냐

2014년 아시아나항공에는 '임직원 근무복장 및 용모규정'이라는 내부 규정이 있었다.

임직원 근무복장 및 용모규정 제5조(근무용모 원칙) 임직원의 용모는 단정하고 청결을 유지하여야 한다.
① 남직원
1. 두발은 옆머리가 귀를 덮지 않으며, 뒷머리는 와이셔츠 깃에 닿지 않게 하고 (후략).
2. 안면은 항시 면도가 된 청결한 상태를 유지하며 수염을 길러서는 아니 된다. 다만, 관습상 콧수염이 일반화된 외국인의 경우에는 타인에게 혐오감을 주지 않는 범위 내에서 이를 허용한다.

2014년까지 아시아나항공의 18년 차 여객기 조종사 한국인 G는 턱수염을 길렀다. 그런데 회사의 여객기 A320 안전운항 팀장은 회사 내부 규정에 위반된다며 수염을 깎으라고 지시했다. G는 개인의 자유를 침해하고 외국인 조종사와 차별하는 것이라면서 지시에 불응했다. 잘 다듬고 깨끗하게 관리할 테니 수염을 허용해달라 요청했다. 그러나 회사는 9월 12일부터 30일까지 G의 비행을 정지시켰다. 결국 비행 업무 배제가 부당한 인사 처분인지를 다퉈 재판으로 이어졌다.[10] 소송에서 기장 G는 자신의 인격권과 행복추구권이 침해됐다고 주장했다. 이에 서울행정법원은 근로관계 같은 개인(직원)과 개인(회사)의 법률관계에 대해 앞서 본 서울대 ○ 교수 성희롱 사건 뒤 여러 판결로 확립된 대법원의 판례의 법리를 제시했다.[11]

먼저 참가인(기장 G)은 원고(회사)의 용모 규정 제5조 제1항 제2호가 과잉금지원칙을 위반하여 남자 운항승무원의 인격권과 행복추구권을 침해하여 위헌이라는 취지로 주장한다. 그러나 헌법상의 기본권은 제1차적으로 개인의 자유로운 영역을 공권력의 침해로부터 보호하기 위한 방어적 권리이므로, 그 성질상 사법私法 관계에 직접 적용될 수 있는 예외적인 것을 제외하고는 사법상의 일반원칙을 규정한 민법 제2조, 제103조, 제750조, 제751조 등의 내용을 형성하고 그 해석 기준이 되어 간접적으로 사법 관계에 효력을 미칠 뿐이어서, 공권력을 행사하는 주체가 아닌 사인私人에 대해 직접적으로 기본권 침해를 주장할 수는 없다.[12]

1심 재판부도 원칙적으로 헌법의 기본권은 민법의 추상적인 규정(민법 2조, 103조, 750조, 751조 등)을 통해서 '간접적'으로 민사관계에 효력을 미친다는 판례를 적용했다. 인격권과 행복추구권 같은 헌법상 기본권은 국가 대 개인의 관계에서 적용되는 권리이기 때문에, 법인 대 개인 사이에는 원칙적으로 직접 적용될 수 없고, 민법을 통해서 간접적으로 적용된다는 것이다.

그러면서 이 사건에서 회사와 기장의 근로계약관계에 기본권 규정은 직접 적용되지 않는다고 했다. 아래 이어지는 판결문을 보면, 용모 규정이 기본권을 침해했다는 주장은 받아들일 수 없다고 결론지었다. 기본권은 단지 일부 고려요소만 될 뿐이라고 의미를 축소했다.

> 따라서 사인인 원고의 용모 규정 조항이 참가인을 비롯한 남자 운항승무원의 기본권을 침해했다는 참가인의 위 주장은 받아들이기 어렵다(참가인의 위 주장은 단지 아래에서 보는 바와 같이 이 사건 비행정지에 업무상 필요성이 있는지나 그것이 권리의 남용에 해당하는지를 판단하는 과정에서 고려될 수 있을 뿐이다).[13]

재판부는 통상 항공사들이 운항 안전을 확보하고 고객 만족과 신뢰를 얻기 위해서 일반 기업에 비해 직원들에게 더 많은 제한을 한다는 점에 주목했다. 복장 착용이나 용모 제한을 예로 들었다. 출퇴근과 업무 수행 과정에서 제복을 입고 보인 모습이 잠재적인 고객에게 불쾌감을 불러일으켜 회사 이미지에 부정적인 영향을 끼칠 수 있다고 봤다. 예외 조항으로 외국인 직원들에게 수염을 허용하는 것은 외국인 우대나 내국인 차별이 아니라 회사의 소수자에 대한 배려라 판단했다.

즉, 직원 복장이나 용모를 제한할 수 있는 회사의 폭넓은 재량권이 있기 때문에, 용모 규정에 따른 비행정지가 가능하다는 것이다. 따라서 회사 경영을 위해 필요한 경우라면 비행정지는 정당한 업무명령이라고 판시했다. 결국 회사가 첫 재판에서 이겼다. 그러나 2심에서는 결과가 뒤집혔다. G 기장이 승소했다. 엎치락뒤치락하던 이 사건은 3심까지 올라갔는데, 서울고등법원(2심)과 대법원(3심)도 기본권은 민법의 추상적인 규정을 통해서 간접적으로 민사 관계에 적용된다는 판례를 적용했다. 서울행정법원과 동일했다.

> 기본권 규정은 그 성질상 사법관계에 직접 적용될 수 있는 예외적인 것을 제외하고는 관련 법규범 또는 사법상의 일반원칙을 규정한 민법 제2조, 제103조 등의 내용을 형성하고 그 해석기준이 되어 간접적으로 사법관계에 효력을 미치게 된다.[14]

그러나 상급심 결론은 1심의 그것과 판이했다. 같은 헌법, 동일한 법규, 일관된 판례 법리에 따르더라도 개별 사안에서 법관들의 판단은 이렇게 상이할 수 있다. 3심제란 인간의 판단은 오류가 있을 가능성이 있다는 전제에서 '(1심) 판단에 대한 (상급심) 판단'을 제도적으로 설계한 것이다. 이러한 사법제도에서 법원마다 판단이 다른 것은 '정상적'이다. 때로 재판부의 법적 판단이 뒤바뀌는 것은 각자의 사회적 견해나 가치관이 반영되는 데 그 이유가 있기도 하다.

대법원은 기본권 조항이 사법을 포함한 모든 법 영역에 영향을 미치기 때문에, 개인 사이의 법률관계도 기본권 내용에 부합해야 한다는 점을 이 판결에서 명확히 언급했다. 외국인의 예외를 제외하면 용모 규정은 직원들이 수염을 기르는 것 자체를 원칙적으로 금지했다. 하지만 개별 업무 특성에 따라서 수염을 허용하거나 불쾌감을 주는 수염 형태만을 막는 것처럼 일부만 제한하는 규정으로 바꿀 수 있다고 재판부는 지적했다. 턱수염을 전면금지한 현재 용모 규정에 따르면 G가 '턱수염을 지키기 위해서는' 결국 퇴사를 고려할 수밖에 없기 때문에, 대법원은 부당하다고 본 것이다.

누군가는 이러한 판결 논거에 고개를 갸우뚱할지도 모른다. 턱수염이 업무 정지를 감수하고 퇴사를 고민할 정도로 중요한가 의문을 품을 수 있다. 사람들은 저마다 나름대로 인격과 가치, 그리고 그것을 표현할 자유를 가진다. 이는 내면에 머무르기도 하지만 우리의 몸, 언어, 행동으로 나타나기도 한다. 나 같은 부류에게 턱수염은 매일 아침 밀어야 할 지저분한 털에 지나지 않지만, 또 다른 사람에게 턱수염은 개성을 표현해 주는 중요한 신체 부분 중 하나일 수 있다. 나도 불현듯 수염을 기르고 싶어질지 모른다. 남들이 뭐라 하든지 누구나 자기만의 표현방식, 언행, 습관 따위를 적어도 하나쯤 갖고 있지 않은가. 인간의 존엄과 가치, 행복추구권, 인격권, 자기결정권 같은 인권은 타인에게 피해를 주지 않는 선에서 마음 내키는 대로 선택할 자유를 포함한다. 그것을 실제 삶에서 지켜주는 게 기본권 규정과 국가의 역할일 것이다.

나아가 직원의 다양한 외모가 고객에게 부정적인 인식을 준다는 것을 입증할 자료가 없다는 점에 대법원은 주목했다. 오히려 수염을 깔끔하게 기른다면 고객에게 불쾌감 대신 좋은 영향을 줄 수 있다고 봤다. 운항 안전을 위해서 기장의 턱수염 금지가 필요하다는 점을 뒷받침할 근거도 없으며, 다른 항공사들도 승무원의 수염을 전면적으로 금지하지 않았다는 것을 고려했다.

회사는 용모 규정을 기본권인 '영업의 자유'에 따라 만들었다. 그러나 대법원은 이 규정이 직원의 기본권을 침해해서 회사의 재량권 범위를 넘었다고 했다. 즉, G 기장이 가지는 기본권인 '일반적 행동의 자유'를 침해해서 근로기준법 96조 1항,[15] 민법 103조에 따라 용모 규정이 무효라 선언했고, 회사의 비행정지 지시 또한 위법하다고 판단했다. G 기장은 턱수염을 기르면서 회사를 다닐 수 있게 됐다.

영업이나 서비스에 도움이 된다는 이유로 직원들의 권리가 제약되는 문제는 우리 주변에서도 크고 작게 일어난다. 마트 계산원이나 백화점 직원들이 의자가 있어도 앉지 못하고 불편하게 서서 일한다. 그들이 힘들게 서 있는 걸 보면 왠지 모르게 내 마음도 편치 않다. 이들이 서 있어야 제대로 된 서비스를 받는 걸로 여기는 생각도 나는 불편하다.

기본권의 힘

'일반적 행동의 자유'도 기본적 인권이다. 그런데 우리 헌법 조문을 아무리 읽어도 찾을 수 없다. 헌법엔 '인격권을 가진다'는 문장도 존재하지 않는다. 없는데 어떻게 기본권이 됐을까? 일반적 행동의 자유나 인격권 같은 기본권은 인간의 존엄과 가치 및 행복추구권(헌법 10조)에서 파생된다고 해석한다.[16] 자유와 권리, 즉 인권은 헌법에 열거되지 아니한 이유로 경시되지 않기 때문이기도 하다(헌법 37조 1항).

이런 헌법상 권리, 즉 기본적 인권은 원래 시민이 '국가'에 주장하는 것이다. 예를 들어, 국가가 나를 체포하거나 구속할 때 신체의 자유와 체포구속 적부심사 청구권을 행사할 수 있다.[17] 공직 선거에 참여해서 국민의 대표자를 뽑게 해달라고 요구하는 선거권,[18] 형사 절차에서 불리한 진술을 거부할 수 있는 진술거부권,[19] 법관에 의한 재판을 청구하는 재판청구권[20] 같은 권리는 국가에 대해서 행사한다.

기본권은 어떤 개인이 주관적 입장에서 국가에 요구할 수 있는 권리다. 헌법학에서 인권은 본래 국가에 대해 그 권리의 힘을 주장한다는 의미에서 '대국가적對國家的 효력을 갖는다'고 표현한다. 그러면서도 개인이든 법인이든 국가 구성원 모두가 객관적으로 지켜야 할 사회질서로서 역할도 한다. 이 객관적인 질서는 민간에서도 준수해야 한다. 그러니 기본권은 공권력을 행사하는 국가뿐 아니라, 사적인 권력을 가진 개인이나 민간조직인 회사에도 주장할 수 있다. 나아가 개인, 사적 단체, 회사에게도 기본권이 효력을 갖는다는 뜻에서 이런 개념을 기본권의 대사인적對私人的 효력이라 이름 붙인다.

따라서 헌법상 인격권과 성적 자기결정권은 개인이나 법인, 국가 같이 어떤 주체가 침해하든 그와 상관없이 주장할 수 있다. 개인이 다른 시민을 뒷조사하는 건 사생활의 비밀과 자유를 침해하는 것이고, 회사가 근로자를 고용할 때 차별을 하면 평등권에 위배된다.[21]

국가법의 위계질서는 '헌법-법률-하위법령(대통령령, 총리령, 행정 각 부령)' 순으로 이루어진다. 만약 헌법보다 하위에 있는 '법률'이 촘촘하게 노동권(32조 1항, 33조 1항)이든 표현의 자유(21조)든 어떤 기본권 영역을 구체화하면서 자리 잡았다면 문제가 없다.[22] 반면 법률이 비어 있다면 문제가 생긴다. 사인과 사인 사이의 인권 침해 문제를 해결하기 위해 법률의 진공을 기본권으로 메울 수 있는지를 따져야 한다. 만약 사법私法에 규율 내용이 없다면 결국 입법되기 전까지 제대로 해결되지 못하는 경우도 생길 수 있기 때문이다.

서울대 ○ 교수 성희롱 사건, 아시아나항공 조종사 턱수염 사건과 같이 구체적으로 어떤 권리를 침해한다거나 어떤 내용에 위반된다는 '법률'적 공백 상태일 때, '헌법'의 기본권이 침투해야 하는지가 검토된다. 이때 헌법의 기본권이 개인에게 작용하거나 효력을 미치는 것을 자제해야 한다는 주장도 있다. 민사적인 법률행위는 개인들 사이에서 벌어진 문제이니, 국가나 헌법이 나서지 말고 시민들이 알아서 자기들끼리 해결해야 한다는 '사적 자치 원칙'을 우선하는 입장이다. 앞서 본 아시아나항공 조종사 턱수염 사건 1심 판결의 태도가 이와 가깝다. 통상 상법이나 민법 분쟁은 국가가 간섭하는 것보다 합리적인 개인들이 스스로 이해관계를 조정하거나 민사법원에서 민사법리만 적용해서 해결하는 게 낫다는 것이다. 민사법의 대원칙인 사적 자치를 매우 강조하는 견해다.

그러나 직장에서 벌어지는 일들을 온전히 사적인 것이라 치부할 수 있을까? 근로관계 같은 법률관계는 완전히 사적인 관계라 볼 수 없다. 회사와 직원, 상급자와 하급자라는 힘의 불균형을 외면한 채 당사자들끼리 알아서 해결하라는 것은 형식논리에 지나지 않은 경우가 많다. 노동법 같은 사회법적 규율이 이런 '애매한' 관계에 적용된다.

판관의 더 나은 전략

기본권의 대사인적 효력 이론이 '재판'에 기여하는 점이 여기 있다. 민법 같은 모든 분야에서 법을 해석하고 판단할 때 사법부가 헌법을 기준 삼도록 해준다. 사법 절차가 진행될 때 헌법을 정점으로 해서 법체계를 통일적으로 바라볼 수 있다.[23] 사적 자치 원칙도 사실 헌법의 행복추구권 같은 인권에서 파생

되니 민법도 결국 헌법의 테두리 안에 있는 것이다.

그리고 논증을 풍성하게 한다. 국회가 법률로 만들었어야 할 공백을 법원이 재판에서 메워야 할 때 기본권을 근거로 삼는 것은 판관의 '더 나은 전략'이 된다.[24] 다행히 서울대 ○ 교수 성희롱 사건이나 아시아나항공 조종사 턱수염 사건의 경우가 그랬다. 선량한 풍속이나 사회질서에 위반되는 법률행위는 효력이 없다는 민법 103조를 '타고' 헌법 조항이 민사 판결에도 들어왔다.

법률이 없어 기본권이 침해당했다면 그건 법원이 혼자 해결할 문제는 아니다. 의회와 대통령이 협력해서 법률로 메워야 한다.[25] 즉, 법원은 국민의 기본권이 구체적 상황에서 지켜질 수 있게 재판에서 법적 근거를 찾도록 노력해야 한다. 국회도 뒷짐만 지지 말고 입법 대안을 마련하고, 정부 부처도 할 일을 찾아 시민들의 인권 실현을 도와야 한다.

헌법과 사법私法의 관계 문제를 근본적으로 해결하기 위해서는 헌법 개정도 고민해야 한다. 나중에 헌법을 바꿀 때 민간 영역에서도 적용할 수 있는 기본권의 경우에는 '개인, 법인 같은 사인도 기속한다' '사인에게도 효력이 있다'는 내용을 명확히 삽입할지 검토할 필요가 있다.[26] 현대인들은 국가에게 권리를 침해당할 우려만큼이나 일개 개인이 직접 상대하기 어려운 사적 조직, 회사, 기관, 사회 집단, 단체에게 권리를 뺏길 가능성도 크기 때문이다.

헌법은 취향이 아닌 규정이다. 법인을 포함한 국가의 구성원들이 헌법의 정신이나 가치를 존중하고 말고 할 것이 아니다. 실제 법적 효과를 현실에서 발휘하는 최고 규범이다. 지키고 준수해야 한다. 단지 민간에서 벌어진 법률관계라 해서 상위법이 힘을 발휘하지 못하는 영역이 있는 것이 바람직한지, 기본권의 효력이 우리 생활의 어디까지 작용할 수 있을지 숙의가 필요하다. 헌법의 힘은 한반도의 시공간 어디에서나 언제든지 발휘될 수 있어야 하지 않을까.

채용 비리와 채용 거부

기본권이 공적 법률관계가 아닌 사적 법률관계에서 적용되는 문제는 여전히 현재 진행형이다. 이제 앞서 다루다 말았던 채용 비리 사건과 채용 거부 사건을 다시 보자. 두 사건은 모두 1심과 2심 재판을 거쳤다. 금융감독원 사건에서 채용 절차는 당시 필기 전형, 실무 면접과 인성 검사를 포함한 1차 면접, 2차 면접, 신체검사 및 신원조사, 최종합격 발표순으로 진행하도록 공고됐다. 법원은 A가 지원한 분야는 본래 2명을 뽑으려다가 채용 절차 진행 중에 1명으로 줄었다는 점을 밝혀냈다. 다른 분야의 특정 지원자를 필기에서 합격시키기 위해 그 분야 합격 숫자를 늘리느라 A가 지원한 분야의 합격자가 줄어든 것이었다. 또 2차 면접 직후 면접위원과 직원들이 객관성과 공정성이 없는 세평 조회를 추가로 실시하고 채용에 반영했다고 판단했다. 그 결과 A는 1등에서 3등으로 밀려나 떨어졌다.

지원자 입장에서는 채용 절차가 상당히 진행된 만큼 남은 절차도 객관적이고 공정할 거라고 신뢰하며 기대하게 된다. 이런 신뢰와 기대는 법적으로 보호돼야 하는 이익인데도 침해됐다는 것이다. 결국 A가 가지는 직업선택의 자유와 인격권이 실현되지 못했다고 재판부는 판시했다. 서울남부지방법원은 8,000만 원의 위자료를 산정해서 금융감독원이 A에게 정신적 손해배상금을 지급하라고 판단했다.[27] 서울대 ○ 교수 성희롱 사건이나 아시아나항공 조종사 사건에서처럼, 인격권 침해 때문에 민법 103조에 따른 사회질서에 위반됐다고 인정된 것이다. 금융감독원은 1심 판단을 수긍하지 못하고 항소했지만 2심을 맡은 서울고등법원도 같은 결론을 냈다. 금융감독원은 다시 패소했고 대법원에 상고하지 않았다. 그리고 채용 비리 피해자들을 입사시키기로 결정했다. 구제 조처는 법원 판결에 따른 것은 아니었다.[28] 이 판결은 같은 시기에 드러난 다른 은행과 공공기관의 채용 비리 사건을 처리하는 데도 참고가 될 것이다.

반면 양육에 따른 워킹맘 채용 거부 사건에서는 1심과 2심의 결론이 상반됐다. B가 어린 자녀를 양육해야 된다면서 근로계약에 따른 노무제공 의무를 회사에 제공하지 않아 수습 기간 후 채용되지 않았을 때, 회사의 채용 거부가 정당한지 정당하지 않은지가 쟁점이었다. 1심 법원은 양육권이 헌법에서 도출되는 기본권이라는 점에 주목했다.

부모의 자녀 양육권은 비록 헌법에 명문으로 규정되어 있지는 아니하지만, 이는 모든 인간이 누리는 불가침의 인권으로서 혼인과 가족생활을 보장하는 헌법 제36조 제1항, 행복추구권을 보장하는 헌법 제10조 및 '국민의 자유와 권리는 헌법에 열거되지 아니한 이유로 경시되지 아니한다'고 규정한 헌법 제37조 제1항에서 나오는 중요한 기본권이다. 〔중략〕 이러한 헌법상 부모의 자녀 양육권은 우리 사회의 객관적인 가치질서를 이루고 있다고 보아야 한다.[29]

여성의 사회활동이 증가하고 '초저출생' 사회로 급변해 민간 기업에서도 영유아 양육에 대해 일부 책임을 부담하는 사회적 공감대가 형성됐다고 재판부는 전제했다. 이에 남녀고용평등법 19조의5를 적용했다. 사업주가 소속 근로자의 육아를 지원하기 위해 근로시간 단축 같은 지원 노력을 해야 한다고 규정한 내용이다.[30]

남녀고용평등과 일·가정 양립 지원에 관한 법률 제19조의5

(육아지원을 위한 그 밖의 조치) ① 사업주는 초등학교 취학 전까지의 자녀를 양육하는 근로자의 육아를 지원하기 위하여 다음 각 호의 어느 하나에 해당하는 조치를 하도록 노력하여야 한다.

1. 업무를 시작하고 마치는 시간 조정

2. 연장근로의 제한

3. 근로시간의 단축, 탄력적 운영 등 근로시간 조정

4. 그 밖에 소속 근로자의 육아를 지원하기 위하여 필요
한 조치

회사가 일·가정 양립을 위해 배려를 하거나 실질적인 노력을 기울이지 않고 형식적으로 채용 거부를 결정했다고 법원은 판단했다. 회사가 다른 방법을 강구하지 않고 해고와 같은 채용 거부를 곧바로 했다는 것이다.[31] B가 근로자 역할과 양육자 역할 중 하나를 선택할 수밖에 없는 막다른 골목에 몰렸다고 1심은 봤다. 결국 1심 법원은 근태 위주로 평가해서 본채용을 거부한 것은 합리성과 상당성이 없어 무효라 결론지었다. 만약 회사가 최대한 노력을 해본 다음에 어쩔 수 없이 본채용을 거부한 것이라면 합리성이 있다고 재판부가 판단했을 것이다.

그러나 2심은 1심 판결을 뒤집었다. 채용 거부는 정당했다며 회사의 손을 들어주었다. 특히 회사가 일·가정 양립을 위해 노력할 수 있는 상황이었는지에 대한 설명이 1심 이유와 달랐다. 1심 재판부는 전체 직원이 6,000명이 넘는 회사 규모 등을 감안하면 회사가 근로자의 양육을 지원할 여력이 있다고 봤다. 그러나 2심 재판부는 회사가 일·가정 양립을 목적으로 B를 위해 노력을 할 거라 기대하기는 어렵다고 판시했다. 24시간 동안 쉬지 않고 통행 요금을 징수해야 하는 요금소 업무

를 고려하면, 공휴일 근무와 초번 근무를 직원들이 돌아가며 맡아야 하는 건 불가피하다고 여겼기 때문이다.[32]

당신이 대법관이라면

이 채용 거부 사건은 결국 대법원까지 갔다. 대법원의 최종 판단은 2020년까지 나오지 않았다. 만약 당신이 대법관으로 이 사건을 대한다면 어떻게 판단할 것인가. 대법원은 대법원장을 포함해서 대법관 14명으로 구성된다. 참고로 주류는 서울대 법대 출신으로 일찍 사법시험에 합격해서 평생 판사만을 직업으로 경험한 50~60대 남성이다. 그렇지만 뭐 상상은 자유가 아닌가. 이 사건 기록을 검토한 후에 대법관 회의에서 어떤 말을 하고 싶은가?

　나라면 어떻게 결론을 지어야 할지 고심할 것 같다. 1심과 2심의 판결문 전체를 읽은 것에 더해 실제 사건 기록을 자세히 보고 싶다. 10년 동안 같은 요금소에서 일한 것, 근무 거부의 주된 이유 같은 특이한 요소가 많은 사건이기 때문이다. 독자들에게도 두 판결 전체를 읽어볼 것을 권하고 싶다. 각자 나름의 타당성과 정합성을 갖췄다.

　그러나 1심 판결의 논리와 결론이 일·가정 양립이 문제되는 현실을 잘 반영했고 설득력이 더 있었다고 나는 생각한다. 헌법상 부모가 가지는 자녀 양육권의 효력이 민간의 근로계약에도 영향을 주는지, '초저출생'과 여성의 경제활동 같은 사회경제적 변화가 이 사건에서 어떤 의미를 갖는지, 남녀고용평등법의 내용과 입법 취지는 무엇인지, 민간기업의 근로계약에서 양육 지원은 어느 정도 가능한지에 대해서 1심 법원은 심도 있게 고민했다. 법 논리로 정리해서 판결문에 현출했다. 결론의 옳고 그름을 떠나서 재판부가 사회적 문제를 고심한 흔적이 역력했다.

그러나 2심 판결은 이 내용을 건너뛰었다. 여성의 사회진출과 양육, 국가적 출생률 하락 문제, 회사가 직원에게 해야 할 육아 지원 노력의무의 법적 의미에 대해서 고등법원은 아무런 언급이 없다. 만약 1심 판결이 헌법상 양육권을 논거로 끌어들인 게 비합리적이라면 2심 법원은 이 사건에서 양육권은 적용될 게 아니라며 1심 근거를 명확히 비판하는 게 나았을 것이다. 2심 법원은 그렇게 하지 않았고 이유도 명확히 설명하지 않았다. 2심 판결문의 내용을 보자.

한편 앞서 본 바와 같은 참가인(워킹맘 B) 작성 경위서의 내용 및 참가인 대리인이 초심지방노동위원회 및 중앙노동위원회에서 진술한 내용 등에 비추어 보면, 참가인은 종전 회사의 근무형태나 다른 일근직 근로자의 근무형태를 들어 공휴일 근무를 거부한 것으로 보이고, 참가인이 원고 회사에 어린 자녀 양육 때문에 공휴일 근무가 불가능하다는 사정을 설명하거나 이를 해결하기 위한 조치(연가 사용허가 등)를 요청하였다고 볼 만한 자료는 없는 점 [중략] 등의 사정을 인정할 수 있다.[33]

2심 재판부는 B가 자녀 양육 때문에 공휴일 근무를 거부했다는 사정을 인정해주지 않았다. 양육 때문이 아니라, 예전 회사도 쉬었고 다른 요금소의 직원도 쉬는 것 때문에 B가 공휴일 근무를 거부한 것으로 보인다고 판단했다. 즉, 2심 판결은 B가 근무를 거부한 이유가 양육이 아니라고 본 것 같다. 양육 때문이 아니니 양육권이란 기본권의 적용 자체를 논의할 필요가 없다고 전제한 것으로 '보인다'.

그러나 1심과 2심 판결문은 모두 B가 초번 근무를 할 때 회사 상사가 이미 어린이집 등원 시간에 외출을 허용했던 것을 인정했다.[34] 상사, 즉 D 회사 측은 양육 때문에 B가 초번 근무의 어려움을 겪는 것을 이미 알고 있었다. B는 1심과 2심 재판에서도 양육을 이유로 출근하지 못했다고 계속 주장했다. 2심 판결은 종전 회사와의 근무형태 차이, 다른 직원과 차별적 휴무만을 공휴일 근무 거부의 이유로 들었다. 하지만 양육'도' B의 근무 거부 이유가 되었다고 보는 게 더 상식적인 판단은 아니었을까.

1심 판결문을 더 읽어보자. 이 판결에서는 B가 공휴일에 출근하지 못한 이유가 두 자녀의 양육 때문이라는 사실을 인정하기도 했다.

참가인의 결근이 문제된 법정 공휴일에는 참가인의 자녀가 다니는 어린이집이 운영되지 아니하여 참가인은 법정 공휴일에 출근하는 것이 매우 곤란하였다. 참가인이 종전 회사에 고용되어 이 사건 사업장에서 근무할 때 공휴일에 쉬어 왔으므로 2017. 4. 원고 회사로 사용자가 변경된 이후 얼마 지나지 아니한 2017. 5.부터 공휴일 근무에 대비하여 안정적인 자녀 양육 방안을 마련하기에는 준비할 시간이 촉박하였다. 이러한 상황에서 원고 회사가 제반 사정에 대한 검토 없이 참가인에게 공휴일 근무를 명하는 것은, 참가인에게 사실상 출근과 자녀 양육 중 택일이 강제되는 상황에 맞닥뜨리게 하는 것이다.[35]

1심 판결은 2심과 달리 당시 어린이집이 운영하지 않은 상황, 다른 양육 방법을 찾기에 촉박한 상황을 인정했다. 경위서 내용만 인정하고 B의 진술과 객관적인 상황을 인정하지 않은 2심 판결은 형식적인 판단이었을지 모른다.

공휴일에 어린이집이 쉬는데 한 살과 여섯 살짜리 두 아이를 키우는 워킹맘이 회사와 그 정책이 바뀐 짧은 기간 동안 양육을 피하는 방법을 찾아내는 것은 현실적으로 쉬운 일이 아니다. 이로 인해 10년을 근무한 곳에서 해고와 같은 채용 거부를 당하는 것은 과했던 게 아닐까? 담당 재판부가 아닌 한 우리 모두는 재판에서 다뤄진 기록이나 진술을 모두 알 수 없다. 그러나 이런 생각이 지워지지는 않는다.

인권이 판결의 언어가 될 때

워킹맘 채용 거부 사건의 2심 같은 논리를 접할 때면 2019년 OECD 최악의 합계출생률(0.98)도 높다는 생각이 든다.[36] 출생률에 대해서만큼은 대한민국은 정상적인 국가가 아니다. 20세기 이후 호모 사피엔스 개체 수의 급격한 증가가 지구 환경에 미치는 부정적인 영향을 생각하면 한반도 인구 감소는 바람직한 현상일지 모른다. 하지만 국가가 그토록 강조하는 '국가경쟁력'의 측면을 고려하면 모든 국가기관과 민간단체가 너나 할 것 없이 양육 환경 조성과 여건 확보에 온 힘을 쏟아도 역부족인 형국이다. 개인과 가정에만 맡겨두면 저 숫자는 계속 작아질 게 불 보듯 뻔하다.

사실 이 사건 2심은 다른 2심 판결에 비해 판결 이유를 상세히 서술한 편이다. 그러나 다른 사람들은 제쳐두고라도 양육권의 의미를 풀어낸 1심 판결문을 받았던 당사자 B와 그의 변호사가 2심의 논리를 납득하기는 어려웠을 것이다. 고등법원에서 양육권이라는 기본권의 의미와 효과, 이 사건에서 양육의 의미에 대해 일언반구 언급조차 하지 않았으니 대법원에서 사회적 의미를 '제대로' 판단받고 싶지 않겠는가.

삼세판을 외치며 사건을 싸 들고 기어코 대법원에 접수하는 건 국민들만의 잘못은 아닐지 모른다. 고등법원에는 대법관 수준의 재판 경륜을 갖춘 법관들이 즐비하다. 2심 법원이 판결의 세심한 숙고를 통해 대법원에 버금가는 헌법적 설득력을 갖추길 바란다면, 너무 큰 기대일까.

워킹맘 채용 거부 사건은 대법원의 판단만 남겨두었다. 대법원이 이 사건에서 취업 경쟁, 고용 불안, 초저출생, 경력 단절, 육아 부담, 내 집 마련과 같이 평범한 사람들이 마주하는 지금의 고된 현실을 다시금 들여다보길 바란다. 헌법에서 규정한 기본적 인권이 개별 사건마다 어떤 의미를 가지는지 궁구해서 판결에 반영하길 소망한다.

내가 하릴없이 기대만하는 이유는 인류가 만든 현대의 재판제도에서는 판결문을 읽고 수긍하거나 비판하는 것밖에 판결에 대해 우리가 할 수 있는 게 없기 때문이다.[37] 법원의 '외부자들'이 계속 판결문을 찾아보고 자기 의견을 말하고 쓰고 토론한다면 혹시 '내부자들'이 보고 들을지도 모른다는 실낱같은 희망을 여기에 한 줄 쓴다.

그래서 다시 반복한다. 국민의 삶과 권리에 대한 깊이 있는 고민이 담긴 판결이 나오길 바란다. 재판은 결국 승패가 갈린다. 당사자는 지면 더는 방법이 없다. 승복할 수밖에 없다. 한쪽이 원하는 결과가 나오지 못해도 여러 내용을 고민한 흔적이 있는 판결문을 받는다면 법원이 자기 목소리에 귀를 기울였다고 받아들일 수 있다. 해당 사안에 대한 사려 깊은 고민 끝에 헌법의 기본적 인권에서 출발한 논증과 반론이 판결의 언어로 나타날 때, 헌법은 진정 "국민의 삶을 담는 그릇"이 될 것이다.[38]

2부

나름대로 헌법을 이해하기 위하여

2장. 헌법적으로 생각한다는 말

삼성 헌법

한반도에서 근대적인 노동자들의 노동조합과 파업은 19세기에 처음 나타났다. 항구 부두에서였다. 부두노동자들은 비교적 자유로운 신분으로 숙련되지 않은 노동자가 많아 가혹한 수준의 저임금을 받았다. 일본 자본이 앞다퉈 들어와 제국주의적 침탈의 성격까지 더해졌다. 장시간 노동에 시달렸고 근로조건은 열악했다.[39]

일반적으로 알려진 최초의 노조는 1898년 함경남도 성진에서 부두노동자 47명이 창립한 성진부두 노동조합이다. 성진부두 노조가 만들어지기 6년 전 인천항 부두노동자들이 만든 두량군 노동조합이 존재했고 이들이 이미 여러 차례 파업을 벌였다는 주장도 있다. 일본인들이 만든《조선신보》의 1892년 5월 13일 자 기사를 보면 두량군의 활동을 부정적으로

취재한 기록이 있다.

두량군斗量軍이란 것은 특별한 세금을 납부하고 인천항에서 일본·조선 양국 상인 간에 미곡 수도受渡 때에 두량斗量(미곡 양을 정확히 계량하는 일)을 하는 특허를 받은 일종의 노동자의 조합으로서 [중략] 이들은 일본 상인뿐만 아니라 조선 상인을 대상으로 해서도 때때로 파업(스트라이크)을 일으키는데 그중에는 조합이 선동하는 것도 많다. 이들은 대략 250여 명의 인부로 구성돼 있으며 역원役員을 두어 이를 통솔하고 있는데 [후략].[40]

노동자들이 근로조건 향상을 위해 '뭉칠 수 있는 권리'인 헌법 33조의 노동3권은 단결권, 단체교섭권, 단체행동권이다. 노동3권은 본래 민간 고용주나 회사와 같이 국가가 아닌 자에게 주장하는 인권이다. 앞에서 본 사인私人에 대한 기본권의 효력이 나타나는 대표적인 권리다. 19세기 말 부두노동자들이 우리 헌법과 노동법이 갖춰지기 전부터 주장했으니, 주목할 만한 역사의 한 장면이다.[41]

이 노동기본권에 대해 100년을 뛰어넘어 다른 이야기를 해보자. 21세기 한반도 최고 기업은 단연 삼성이다. 2010년까지 이 대기업에는 '헌법'이 있었다. '삼성 헌법'에는 1993년 이건희 회장이 처자식 빼놓고 다 바꾸라며 제시한 '신경영' 이후 삼성인이 가져야 할 에티켓, 자세 같은 것이 쓰여 있었단다.[42]

헌법은 국민의 기본권과 국가체제를 규정하는 최고 법이니 일개 기업에는 거적문에 돌쩌귀일 뿐이다. 헌법이란 말을 진지하게 사용한 건 아닐성싶다.

눈여겨볼 건 상징적인 헌법을 둔 것이 아니라 창업 때부터 80년 동안 이어진 무노조 경영이다. '삼성' 하면 떠오르는 경영 철학은 '신경영', '초일류 기업', 그리고 '무노조 경영'이다. 2018년 삼성전자서비스가 삼성전자서비스 노조를 협상 상대로 인정해서 직접고용 협상을 타결했다고 보도됐다.[43] 이재용 삼성전자 부회장은 2020년 노조 와해 논란에 대해 직접 사과하고 이제 더 이상 삼성에서는 '무노조 경영'이라는 말이 나오지 않도록 하겠다고 발표했다.[44]

1898년 함남 성진부두에서 일하던 47명의 선조들, 1892년 인천 부두에서 노동하던 250명의 선진들은 몸으로 노동3권의 필요성을 체득해 조선 말기에 이미 개화開化했다. 1892년으로부터 126년이 지나서야 세계적인 기업에 노동조합이 인정됐다. '삼성 헌법'에 규정되지 않았던 헌법 33조의 세 기본권 중 첫 번째인 단결권을 위해, 긴 세월 동안 이 기업 직원들은 보이지 않는 곳에서 얼마나 많은 눈물과 땀을 흘려야 했을지, 앞으로는 또 어떨지 가늠이 안 된다.

노란 봉투에 붙인 빨간 딱지

권위주의 독재 정권 시절에는 기업 중심의 경제 발전을 우선했다. 주는 급여만 잘 받는 '얌전한 근로자'를 원했다. 노동자들이 파업하면 공권력이 나서서 잡아 가두는 때도 많았다. 노동운동을 하면 물리적, 신체적인 탄압을 가했다.

민주화 이후에는 '세련된' 대응을 한다. 형사 고소를 한 다음 노조와 노동자들이 갚지 못할 액수를 적어 손해배상 청구 소장과 가압류 신청서를 법원에 접수한다. 손배와 가압류는 일반적으로 쓰이는 민사법 용어다. 노동 사건에서만 사용되는 건 아니다. 그런데 기업이나 국가가 파업을 한 노조와 노동자에게 청구하는 '손배가압류'가 노동 분야에서만큼은 보통명사가 될 정도로 사회적 문제가 됐다. 노동자나 노조가 파업을 한 게 잘못이면 당연히 그만한 후과를 치러야 할 텐데, 그 흔한 손해배상과 가압류가 왜 유독 노동 분야에서만 문제가 된다는 걸까.

손배가압류는 당사자들의 삶에 어떤 영향을 미칠까. 2019년 한 연구 결과가 나왔다. 손배가압류가 노동자들을 얼마나 힘들게 하는지 그 실태를 조사했다. 기존 자료가 없어 의미 있는 발표였다. 손배 청구를 당하고 재산이 가압류된 노동자들에게 그것은 '징벌적 손해배상'으로 느껴졌다. 청구금액이 10억 원 이상인 경우가 조사자의 74.6퍼센트나 됐다. 노란 월급

봉투에 빨간 압류 딱지가 붙었다. 임금, 통장, 전세보증금, 가구와 가전제품 등을 압류당한 경우가 응답자의 절반 이상이었다. 주요 정신건강 지표도 매우 심각했다. 우울 증상과 자살 충동이 일반 노동자들에 비해 현격히 높았다. 소외감과 고립감을 느끼며 자책하기도 했다.[45]

법은 1953년부터 있었다

다른 경우를 생각해보자. 기업 경영을 그르친 경영자가 법인에게 개인 재산으로 '천문학적' 손해배상 책임을 부담하지는 않는다. 기업이 소비자에게 잘못했을 때 소비자가 기업에 손해배상을 청구해도 법원에서 큰 금액으로 인용되지 않는다. 그런데 파업을 한 노조와 노동자에게 청구되는 손해배상액의 경우는 그렇지 않다. 균형이 맞지 않는다.

법이 잘못됐을까? 헌법 33조에는 노동3권, 그러니까 단결권, 단체교섭권, 단체행동권(파업권, 쟁의행위권)이 있다. 헌법에 단체행동권을 보장했는데 그것을 구체적으로 실현하는 법률 규정이 미비해서일까? 노동조합법을 보자.

노동조합 및 노동관계조정법 제1조(목적) 이 법은 헌법에 의한 근로자의 단결권·단체교섭권 및 단체행동권을 보장하여 [후략].

제3조(손해배상 청구의 제한) 사용자는 이 법에 의한 단체교섭 또는 쟁의행위로 인하여 손해를 입은 경우에 노동조합 또는 근로자에 대하여 그 배상을 청구할 수 없다.

노동조합법은 헌법의 노동3권을 보장하기 위해서 사용자가 쟁의행위로 손해를 입어도 노조나 노동자에게 배상을 청구할 수 없도록 명확히 규정한다. 단체행동을 할 수 있는 기본권을 보장해놓고 단체행동을 했다고 손해배상 책임을 묻는 건 모순이니까. 노동조합법 규정은 헌법의 단체행동권을 구체적으로 반영해둔 것이다. 그런데도 왜 노조와 노동자들은 단체행동으로 인한 손해배상으로 고통받고 있을까? 법이 만들어진 지 얼마 안 된 것인가? 그것도 아니다.

노동쟁의조정법 〔법률 제279호, 1953. 3. 8., 제정, 시행〕 **제1조** (목적) 본법은 헌법에 의거하여 근로자의 단체행동자유권을 보장하고 〔후략〕.
제12조(손해배상청구에 대한 제한) 사용자는 쟁의행위에 의하여 손해를 받았을 경우에 노동조합 또는 근로자에 대하여 배상을 청구할 수 없다.

구법인 노동쟁의조정법은 1953년 전쟁 중에 제정됐고 그때 12조는 현재 노동조합법 3조로 옮겨가 지금까지 유효하다. 법률이 새로 만들어져 현실에 뿌리내리지 못해 그런 것도 아니다. 사실 근로기준법을 준수하라고 외친 전태일을 포함한 수많은 노동자들이 노동쟁의로 싸우고 죽던 1980년대까지도 파업 손해배상 청구는 거의 없었다. 손쉽게 잡아 가두면 됐으니까. 어찌됐든 손해배상 면책 규정의 취지는 지켜졌다.

　단체행동권을 법률이 아닌 헌법에 기본권으로 규정해서 강력한 법적 보장을 하려는 나라는 프랑스나 일본, 한국 정도가 있다.[46] 그런데 프랑스는 우리와 달리 불법 파업의 범위를 좁게 보고 파업으로 인한 손해도 엄격하게 판단한다. 독일은 헌법에 단체행동권이 있다고 명시되지도 않고 손해배상을 면책해준다는 법률 조문도 없어 이론적으로는 손해배상 소송이 가능하다. 그러나 보통 기업이 법원으로 사건을 가져가지 않고 노사 자치로 해결하려는 성숙한 노사문화를 갖고 있다. 독일 법원이 기업의 손배 청구를 인정해주는 경우도 드물다. 영국은 노조원 수에 따라 손해배상 액수의 상한을 법으로 제한한다.[47]

　우리 헌법과 법률은 파업으로 인한 손해배상을 면책하는 기본적인 규율체계를 오래전부터 확립했다. 헌법재판소도 기본권을 우선하고 노동조합법은 헌법 규정을 확인한 것에 지나지 않는다며 논리를 편다.

　쟁의행위는 업무의 저해라는 속성상 그 자체가 형법상의 여러 가지 범죄의 구성요건에 해당될 수 있음에도 불구하고 그것이 정당성을 가지는 경우에는 형사책임이 면제되며, 민사상 손해배상 책임도 발생하지 않는다. 이는 헌법 제33조에 당연히 포함된 내용이라 할 것이며, 정당한 쟁의행위의 효과로서 민사 및 형사면책을 규정하고 있는 노조법 제3조와 제4조는 이를 명문으로 확인한 것이라 하겠다.

〔전략〕 한편 노조법 제4조는 〔중략〕 쟁의행위가 처벌의 대상이 되어서는 안 된다는 점을 강조한 것으로 이해해야 할 것이다. 나아가 노조법 제3조가 사용자로 하여금 적법한 쟁의행위로 인하여 입은 손해를 노동조합 또는 근로자에 대하여 배상청구할 수 없도록 한 것도 동일한 맥락에서 바라보아야 할 것이다.[48]

헌법도 법률도 헌재 논리도 갖춰졌다. 문제는 법이 아니라 법을 해석한 결과였다. 수십 년 동안 확고하게 굳어진 대법원 판례다. 법원의 법리를 이해하기 쉽게 요약하면 이렇다. 법원은 노동조합법 3조에서 사용자가 "이 법에 의한 단체교섭 또는 는 쟁의행위"로 손해를 봐도 배상청구를 할 수 없다는 규정에서 이 쟁의행위를 '정당한 쟁의행위'로 해석한다.[49] 쟁의행위의 정당성이 인정되는 조건을 매우 엄격하게 따진다. 실제 사건에서 정당한 쟁의행위는 쉽게 인정되지 않는다.[50] 이에 파업에서 손해배상 책임이 인정되는 게 부지기수다. 면책되지 않는 것이다.

손해배상은 민사책임 영역이다. 그런데 파업을 하면 업무

방해죄로 형사처벌도 같이 문제된다. 파업은 회사의 업무를 방해하는 범죄가 된다는 것이다. 다만 예외적으로 정당행위로 인정되면 무죄가 될 수 있지만, 이 역시 재판에서 정당행위로 보는 경우가 적다.[51] 여기서 많은 파업들이 형사상 불법적인 파업으로 규정된다. 즉, 노조나 노동자의 쟁의행위가 정당행위가 되지 못해 업무방해의 유죄가 되는 구조다.

형사재판에서 유죄 판결이 나면 다음은 민사재판 차례다. 파업이 형사상 불법으로 인정됐기 때문에 민사에서도 파업의 위법성이 손쉽게 받아들여진다.[52] 손해배상 액수를 산정할 때는 실제 손해가 얼마인지를 엄격히 따지기보다, 영업 손실을 실제 손해로 추정해주기도 한다.[53] 반면 파업 손해배상 소송이 아닌 일반 손해배상 소송에서는 추정 법리보다 엄격하게 실제 손해를 따져보는 경향이 있다. 사뭇 다르다. 결국 이렇게 흘러가 파업은 까딱 잘못하면 불법 파업이 될 가능성이 커서 수억, 수십억 원의 손해가 쟁의행위의 대가로 청구됐던 것이다.

균형감

단체행동권이 헌법상 기본권이니 파업권 행사는 원칙적으로 적법하다. 예외적으로 불법적인 파업인지를 따져야 한다. 만약 불법 파업으로 손해가 발생한다면, 주장하는 손실을 모두 손해로 추정할 게 아니라 일반적인 손해배상 법리에 맞게 면밀하게 따져 실제 손해를 산정해야 한다. 그 손해가 파업 때문에 생긴 것이므로 감액할 게 있으면 줄여줘야 한다. 파업이 헌법상 기본권에 따라 용인되는 행위이고, 노조의 단체행동권 행사에 대해서 사용자가 감수해야 될 부분도 있다는 점을 고려하는 것이다.[54]

나는 이 문제를 다루지 않으려 했다. 세부 쟁점도 많고 더 큰 문제도 가려져 있다.[55] 기존에 연구된 관련 법률 논문도 차고 넘친다. 법조계와 법학계에서 토론도 다양했고 언론과 시민사회도 여러 차례 지적했다.[56] 이미 수없이 논의했고 해결할 대안도 제시되었는데 뭐 하나 바뀌지 않는다는 자조 섞인 말도 나온다. 참고할 해외 사례도 충분하다. UN과 ILO(국제노동기구)같은 국제기구에서도 한국에 손배가압류 문제를 해결하라는 권고를 여러 번 했다. 외국 노동법학자들은 파업에 대해 민형사책임을 강하게 묻는 한국 상황을 듣고 이해하기 어렵다는 듯이 놀라기도 한다. 같이 있는 한국의 법률가들이 부끄러워질 정도로.

앞에서 본 것처럼 대법원 판례는 1994년 이래 30년 가까이 부동자세를 취하고 있다. 그렇다면 다른 국가기관이 나설 수도 있다. 지금 법률보다 자세한 규정을 두는 방향으로 국회가 법을 개정할 수 있다. 고용노동부를 필두로 한 정부가 적극적 노동정책을 펼쳐 간접적인 변화를 시도할 수 있다. 그러나 노동법을 바꾸는 게 헌법 개정보다 힘든지 의회는 본격적으로 움직이지 않는다.[57] 노조를 탐탁지 않게 여기고 파업을 싫어하는 국민과 언론도 많으니 대통령이 먼저 나설 필요가 없을지도 모른다. 국가는 이 문제를 해결하지 않아도 여론 압박의 부담이 크지 않은 것이다.

노동자들이 파업하면 사기업과 공기업을 불문하고 모두로펌에 맡겨 소송을 걸면 된다. 업무방해죄로 고소해서 처벌받으면 불법 파업이라는 딱지를 붙일 수 있다. 해고도 하고 수십억 원의 손해배상금을 부과하고 차압한다. 동시에 파업 주동자들을 설득하고 퇴사시켜 노조를 약화시켜 잠잠하게 만들수 있다. 만약 내 주변 사람이 기업 사장인데 그의 회사에 노사분규가 일어난다면 법률 자문만 잘해주면 될 것이다. 반면 나와 가까운 이가 노조 활동을 열심히 하다가 노동쟁의를 나가는 건 매우 염려되지 않을까. 법률적 조력으로 해결이 안 되기때문에. 우리 곁에서 벌어지는 현실이다.

노동권과 균형감. 두 단어가 떠오른다. 지금 상황은 헌법규정에 들어맞지 않고 균형을 잃었다. 헌법과 노동법 논리 이전에, 갚을 수 없는 책임을 짊어지고 죽음으로 가는 고통을 겪는 사람들이 한쪽에 생긴다. 그들은 삶의 퇴로가 모두 막혔다고 느낀다. 노사분규의 결과를 노조와 노동자만 극단적 형태로 감당하는 경우가 나온다. 노동분쟁이 일어난다고 경영자나총수가 자기 재산으로 갚을 수 없는 배상 책임을 지는 경우는많지 않다. 노사 양측이 해결하지 못한 노사분규가 일방의 처절한 희생으로 귀결되는 사건이 계속 발생하는 것은 법적 결론이 한쪽에 쏠려 있다는 방증이 아닐까.

원래 노사 문제는 서로 협약을 맺고 그것을 잘 지키면서 기업 발전과 직원 복지를 위해 함께 노력하는 게 제일 좋다. 헌법도 법률도 재판도 필요 없을 것이다. 그렇지 못한 게 현실이다. 방법은 법원 판례가 헌법의 노동3권에 따른 논리로 전환하고, 실제 사건에서 민사책임을 묻더라도 형평을 갖춰 노사 분규가 합리적으로 종결되는 데 도움이 되어야 한다. 헌법 규정에 맞게 현실을 교정하기 위해 노동권 규정에 따른 법 논리를 펼치는 역할, 법원과 국회와 정부로 구성된 국가가 노사를 위해 할 수 있는 역할은 그것이다. 균형 잡힌 논증을 위해 다시 소리 내어 헌법 33조를 읽자.

헌법 제33조 ① 근로자는 근로조건의 향상을 위하여 자주적인 단결권·단체교섭권 및 단체행동권을 가진다.
② 공무원인 근로자는 법률이 정하는 자에 한하여 단결권·단체교섭권 및 단체행동권을 가진다.
③ 법률이 정하는 주요방위산업체에 종사하는 근로자의 단체행동권은 법률이 정하는 바에 의하여 이를 제한하거나 인정하지 아니할 수 있다.

어느 대법원 판결의 관전평

헌법 제23조 제1항 전문은 '모든 국민의 재산권은 보장된다.'라고 규정하고 있고, 제119조 제1항은 '대한민국의 경제질서는 개인과 기업의 경제상의 자유와 창의를 존중함을 기본으로 한다.'라고 규정함으로써, 우리 헌법이 사유재산제도와 경제활동에 관한 사적자치의 원칙을 기초로 하는 자본주의 시장경제질서를 기본으로 하고 있음을 선언하고 있다. 헌법 제23조의 재산권에는 개인의 재산권뿐만 아니라 기업의 재산권도 포함되고, 기업의 재산권의 범위에는 투하된 자본이 화체된 물적 생산시설뿐만 아니라 여기에 인적조직 등이 유기적으로 결합된 종합체로서의 '사업' 내지 '영업'도 포함된다. 그리고 이러한 재산권을 보장하기 위하여는 그 재산의 자유로운 이용·수익뿐만 아니라 그 처분·상속도 보장되어야 한다. 한편, 헌법 제15조는 '모든 국민은 직업선택의 자유를 가진다.'라고 규정하고 있는바, 여기에는 기업의 설립과 경영의 자유를 의미하는 기업의 자유를 포함하고 있다. 이러한 규정들의 취지를 기업활동의 측면에서 보면, 모든 기업은 그가 선택한 사업 또는 영업을 자유롭게 경영하고 이를 위한 의사결정의 자유를 가지며, 사업 또는 영업을 변경(확장·축소·전환)하거나 처분(폐지·양도)할 수 있는 자유를 가지고 있고 이는 헌법에 의하여 보장되고 있는 것이다. 이를 통틀어 경영권이라고 부르기도 한다.[58]

앞서 파업과 노동권에 대한 대법원의 엄격한 태도를 살폈다. 말 나온 김에 판결을 하나 더 보자. 소개한 대법원 판결은 '경영권'이란 기본권을 인정했다. 근거를 자본주의 시장경제 질서(헌법 119조 1항), 재산권 보장(헌법 23조)과 직업선택의 자유(헌법 15조)에서 찾았다. 기능성에 초점을 맞춰서 경제활동에 관련된 기본권들을 종합해 경영권을 집합 개념으로 상정했다.

다른 견해도 있겠지만 경영권은 (경영학 같은 영역에서 사용되는 것은 차치하고라도) 헌법학의 기본권 언어가 아니라고 생각한다.[59] 이미 우리 헌법은 15조에서 기업하는 사람들의 기본권을 적어두었다. 직업선택의 자유라고 규정했지만, 이 규정이 직업의 자유 전체를 포괄한다는 건 확립된 헌법 이론이다. 헌법 15조에서 직업선택의 자유, 직업수행의 자유(영업의 자유), 직업이탈의 자유를 모두 포함해서 직업의 자유를 도출한다. 기업가가 '기업을 운영할 기본권'은 '영업의 자유'인 것이다. 여기에 영업과 생산의 물적 수단에 대한 소유권으로서 헌법 23조에 따른 '재산권'을 추가하면 경영자의 기본권은 모두 충족된다.[60]

헌법 규정에서 도출하는 기본권이 있다면, 헌법 규정에 없는 비슷한 기본권을 창설할 필요성은 매우 낮아진다. 신자유주의 흐름에서 헌법 문언과 다른 자유권을 생성하는 것은 비스무리한 기본권 종류를 늘리는 '인플레이션'을 초래한다. 체계를 갖춘 헌법의 명문 조항과 오랜 논의 끝에 형성된 기본권이론에도 부합하지 않는다.

대법원은 경영권이라 하기 전에 '기업의 설립과 경영의 자유를 의미하는 기업의 자유'라고 전제했다. 여기서 '기업의 설립과 경영의 자유'는 결국 직업의 자유 중 하나, 즉 영업의 자유의 다름 아니다. 새롭다고 회자되는 것을 찬찬히 뜯어보면 고유의 명칭을 가지고 존재하는 것의 다른 이름일 뿐인 경우가 수두룩하다.

노동권 vs 경영권

헌법에서는 서로 다른 기본권 주체들이 각자 기본권을 보유한다. 그런데 A의 기본권과 B의 기본권이 서로 충돌하는 경우가 있다. 헌법 이론에서는 이를 '기본권의 충돌'이라 한다.

소개한 경영권 사건은 결국 노동3권, 특히 단체행동권과 경영권의 관계를 다룬다. 즉, '노동권' 대 '영업의 자유'가 충돌하는 문제가 생긴다. 경영권이든 영업의 자유든 어떤 것이라 하든 이것과 노동3권 사이에 있는 기본권의 충돌은 어떻게 논증해서 해결했을까. 이 판결문을 더 읽어보자.

물론 기업의 이러한 권리도 신성불가침의 절대적 권리일 수는 없다. [중략] 경영권과 노동3권이 서로 충돌하는 경우 이를 조화시키는 한계를 설정함에 있어서는 기업의 경제상의 창의와 투자의욕을 훼손시키지 않고 오히려 이를 증진시키며 기업의 경쟁력을 강화하는 방향으로 해결책을 찾아야 함을 유의하여야 한다. 왜냐하면 기업이 쇠퇴하고 투자가 줄어들면 근로의 기회가 감소되고 실업이 증가하게 되는 반면, 기업이 잘 되고 새로운 투자가 일어나면 근로자의 지위도 향상되고 새로운 고용도 창출되어 결과적으로 기업과 근로자가 다 함께 승자가 될 수 있기 때문이다. 그리고 이러한 문제의 해결을 위해서는 추상적인 이론에만 의존하여서는 아니 되고 시대의 현실을 잘 살펴 그 현실에 적합한 해결책이 모색되어야 한다.

〔전략〕 구조조정이나 합병 등 기업의 경쟁력을 강화하기 위한 경영주체의 경영상 조치에 대하여는 원칙적으로 노동쟁의의 대상이 될 수 없다고 해석하여 기업의 경쟁력 강화를 촉진시키는 것이 옳다. 물론 이렇게 해석할 경우 우선은 그 기업에 소속된 근로자들의 노동3권이 제한되는 것은 사실이나 이는 과도기적인 현상에 불과하고, 기업이 경쟁력을 회복하고 투자가 일어나면 더 많은 고용이 창출되고 근로자의 지위가 향상될 수 있으므로 거시적으로 보면 이러한 해석이 오히려 전체 근로자들에게 이익이 되고 국가경제를 발전시키는 길이 된다.[61]

대법원은 노동3권과 영업의 자유라는 기본권이 서로 맞서

기 때문에 "문제의 해결을 위해 추상적인 이론에만 의존하여서는 아니되고", "시대의 현실을 잘 살펴 그 현실에 적합한 해결책"을 모색하겠다고 전제한다. 두 기본권 충돌에 대해 "적합한 해결책"을 도출하기 위해서 "기업의 경제상의 창의와 투자의욕을 증진시키며", "기업의 경쟁력을 강화하는 방향"을 유의할 점으로 내놓았다. 그런데 기업의 창의와 투자의욕, 기업의 경쟁력 강화는 영업의 자유만 고려한 판단 기준이 아닌가. 이와 균형을 맞춰 노동권의 측면에서 염두에 둔 것이 있는지 찾았지만 판결문 끝에도 없었다.

이 판결은 양자의 충돌을 조화롭게 해결하는 기준이 아니라 한쪽 눈으로만 바라보게 될 일방적인 기준을 선보였다. 읽는 순간 노동3권보다 경영권을 우위에 놓겠다는 것, 즉 두 권리를 대등하게 저울에 달아놓고 비교하지 않겠다는 것을 바로 눈치챌 수 있다.[62] 그 바람에 논증은 복잡한 현실과 동떨어져 단순해진다. 뻔한 논리와 예상하기 쉬운 결론은 설득력을 떨어뜨린다.

이런 근거도 이어진다. "기업이 쇠퇴하고 투자가 줄어들면 근로 기회가 감소되고 실업이 증가"한다는 일반론을 먼저 편다. 여기까지는 경험적으로 잘 맞아떨어지는 예측일 것이다. 그다음 "기업이 잘 되고 새로운 투자가 일어나면 근로자의 지위도 향상되고 새로운 고용도 창출되어 결과적으로 기업과 근로자가 다 함께 승자가 될 수 있다"고 한다. 너무 단정적이고 이상적이다. "새로운 투자가 일어나면 근로자의 지위도 향상"

된다는 건 판결에 담을 만큼 경제학적으로 명징한 명제인가. 아니면 현실에서 잘 나타나지 않는 주류 경제학 교과서의 도그마일 뿐인가.

나도 '쉬운 기대'처럼 기업과 근로자가 다 함께 승자가 되길 바라마지 않는 이 땅의 국민이다. 귀찮게 따져 묻지 않고 판결을 그냥 믿고 싶다. 그러나 어디 현실이 그리 녹록한가? 기업들은 IMF 외환위기를 겪고 지금까지 힘든 여건에서 전 세계에 많은 수출을 했고 국내외 투자도 상당히 했다. 그런데도 새로운 고용은 창출되지 않았다. 한국 경제에는 '고용 없는 저성장'이라는 딱지가 붙은 지 오래다.

우리만 그런 것은 아니다. 선진국 문턱에 든 국가가 겪을 수 있는 거시경제 상황이다. 또한 부자 나라들도 쉽사리 풀지 못한 숙제다. 판결문처럼 기업이 잘되고 투자가 일어나면 근로자의 지위도 향상되고 고용도 창출되는 이상이 실현됐는지 의문이다.

결론보다 논증

선진국형 저성장의 물결 속에, 낙수효과가 사라진 수출 주도 경제체제에서, 이 판결의 기대는 맑은 호수의 새벽안개같이 순수하다. 문제는 논리의 간결함과 결론의 순진함에만 머무르지 않는다. 그 결과는 노동자들에게 혹독하다. 판결은 "우선은 그 기업에 소속된 근로자들의 노동3권이 제한되는 것은 사실"이라는 추상적인 주장만으로 노동자들에게 헌법과 노동법에 의해 적법하게 보장된 노동3권을 제한하는 것이 단지 "과도기적"일 뿐이라 단언한다. 헌법상 기본권의 효력이 제한되는 과도기는 그 기본권 주체인 직장인과 노동자에게는 피할 수 없는 빙하기 같을 것이다. 기본권에 과도기는 없다. 법률로 제한하지 않는 한 말이다.

결론이 잘못됐다는 게 아니다. 최고법원은 영업의 자유와 노동권의 충돌을 조화롭게 해석해서 구체적인 판단을 할 때 영업의 자유가 우선한다는 결론을 얼마든지 도출할 수 있다. 이 판결은 경영권의 손을 들어주면서 기존 판례와 마찬가지로 이런 논리로 마무리한다. '기업의 구조조정 실시 여부는 경영자의 경영 판단 대상에 포함되는 것이다 → 구조조정은 노조가 회사를 상대로 단체교섭하는 대상이 될 수 없다 → 따라서 노조가 구조조정에 반대하려는 쟁의행위 목적은 정당하지 않다.' 이러한 판례 결론을 재차 선언하는 것도 문제가 아니다.[63]

문제는 논증이다. 기업의 새 투자가 일어나면 근로자의 지위 상승으로 이어진다는 주장은 경제학에서도 논란이 있다. 그렇다면 논쟁을 잠재울 수 있도록 경제학적 논거나 경제정책적 자료를 최대한 뒷받침해서라도 설득력을 높여야 한다. 주류 경제학을 비판하는 입장을 반박하는 것도 논증의 방법이 될 수 있다. 그렇지 않으면 이 명제는 논거 없는 주장에 지나지 않는다.[64]

우리 사법과 법조가 한 단계 더 발전하려면 법학이 최고라는 인식의 한계에서 벗어나 학문의 다양한 견해를 다각적으로 검토할 필요가 있다. 적어도 최고법원만큼은 중요한 법적 쟁점을 풀어가는 과정에서 시민들에게 납득할 수 있는 설명을 해야 한다. 나아가 사회 전체가 나아지려면 모로 가도 서울이라며 결론만 맞출 게 아니라 논리와 과정을 중요시해야 한다고 나는 생각한다.

영국 프리미어 리그나 스페인 프리메라 리가에서 뛰는 최고 선수들의 축구경기라 해서 골이 많이 들어가는 건 아니다. 자로 잰 듯 동료의 발 앞에 공을 배달하는 '택배' 패스와 잘 짜인 팀워크에 세계 축구 팬들은 환호한다. 복잡한 포메이션 변경을 창조적이며 현란한 발놀림으로 실현해내는 선수들이 빚어내는 과정에 탄복하는 것이다.

일도양단의 결론을 도출하는 법원이 제각각 생각을 가진 사회구성원 모두를 만족시킬 수는 없다. 다만 일국의 대법원이라면 한쪽에만 유리한 경제학 이론이 아니라 반대 이론과 현실을 다각도로 검토해서, 중립적인 사람들이나 다른 결론을 주장하는 사람들도 '결론에 동의하지 않지만 일리는 있다'고 끄덕일 수 있게 무리하지 않은 논거를 제시해야 하지 않을까. 같은 법리의 판결이 축적되면 판례가 된다. 논리의 전개 과정에 고개가 끄덕여지지 않는 논증이 다시 판결문에 등장해서 판례로 확립되지 않길 바랄 뿐이다.

3장. 노란 리본을 헌법에 묶으며

변형 크로이츠펠트야콥병

2008년 6월 10일 대규모 촛불집회가 있던 날이었다. 촛불을 들게 만든 건 인간광우병, 즉 '변형 크로이츠펠트야콥병Variant Creutzfeld-Jacob Disease'의 위험 때문이었다. 시민들은 자신과 가족, 서로의 안전을 지키기 위해 광장으로 모였다. 결국 헌법소송도 제기됐다. 당시 미국산 광우병 쇠고기 수입 정책을 결정하는 미국산 쇠고기 수입위생조건(농림수산식품부 고시)에 대해서였다.

이 사건 헌법재판소 결정문에서는 변형 크로이츠펠트야콥병에 대한 유력한 역학적 설명이 소개됐다. 요약하면 이렇다. 가축의 전염병인 소해면상뇌증이 1985년 영국에서 최초로 발견됐다. 정상적이지 않은 구조로 바뀐 프리온(단백질 성질을 가진 감염성 입자)이 소에서 감염을 일으키다가 오염된 육류를 통해서 사람에게까지 전파된다는 것이다. 이 병을 막는 예방조치나 치료법은 딱히 없는 상황이어서 죽음에 이른다. 미국에서는 2013년 12월 이후 소해면상뇌증 3건, 변형 크로이츠펠트야콥병 3건의 발병이 확인됐다. 당시 미국산 쇠고기가 현실적인 위험성을 초래하는지 논란이 많았다. 헌법재판소는 이렇게 정리했다.

미국산 쇠고기 및 쇠고기 제품이 소해면상뇌증에 감염되어 있을 확률이 높다고 볼 수는 없으나, 그렇다고 하여 미국산 쇠고기의 수입에 있어 소해면상뇌증에 감염된 것이 유입되고, 그로 인하여 소해면상뇌증이 확산 되거나 변형 크로이츠펠트야콥병으로 전이될 위험성을 전적으로 배제할 수도 없는 것이다

더욱이 가격 경쟁력이 높은 미국산 쇠고기가 수입·유통되는 경우 많은 소비자가 이를 구매하여 섭취할 것으로 예상되고, 여러 경로를 통하여 자신도 모르게 이를 섭취하게 될 가능성 또한 높다 할 것이다.[65]

국가가 있으나 없으나 인간은 언제나 위험 속에서 살았다. 자연은 인류에게 삶의 기회도 제공했지만 인간의 생명을 위협하기도 하는 위험한 것이었다. 자연적 위험은 호모 사피엔스의 생존에 절대적인 영향을 끼쳤다. 국가는 국민이 겪는 위험에 대처해야 했다. 예를 들어 전쟁 같은 국가적 위험에 대한 대

비가 필요했다. 권력층은 빈곤, 질병 같은 사회적 위험에 대해서는 전면적으로 대응하지 않는 경우가 많았다. 중세 사회까지 농노나 상민과 같은 일반 백성들의 복지를 전적으로 책임지려는 국가는 별로 없었다.

그러나 현대 국가는 자연적 위험에 대처하는 것은 물론이거니와 가난, 실업, 질병, 노화, 사회적 안전 같은 문제에 대해서도 적극적으로 해결할 것을 요구받는다. 국제적 자본주의 활동인 무역을 할 때도 국민의 생명과 안전이 보장되도록 대외정책을 펴야 할 책무가 주어진다. 안전한 식품, 물품, 재화, 서비스를 국민인 소비자에게 제공할 수 있도록 하는 것도 국가 역할이 됐다.

―――――

국가의 의무를 묻다

인간에게 생명, 신체, 안전에 관한 기본권이 중요하다는 건 헌법 이론에서도 알 수 있다. 헌법에서 국민의 인권과 국가의 의무가 만나는 지점에 있다. 시민의 기본권이기도 하지만 이를 지키는 것은 국가가 해야 할 일임을 규정한 것이다. 헌법학에서는 국민의 기본권에 대응한 국가의 의무와 책임을 인정한다. 특히 이를 강조하는 개념이 있다. 기본권 보호의무다. 헌법 10조는 인권을 규정하는 첫 조문인데, 두 문장으로 구성된다. 이 의무는 인간의 존엄과 가치, 행복추구권을 규정한 문장의 뒤엣것에 쓰여 있다.

> **헌법 제10조** 모든 국민은 인간으로서의 존엄과 가치를
> 가지며, 행복을 추구할 권리를 가진다. 국가는 개인이
> 가지는 불가침의 기본적 인권을 확인하고 이를 보장할
> 의무를 진다.

국가는 '개인'에게 '기본적 인권을 확인하고 보장할 의무'
를 부담한다. 헌법의 다른 조문에서는 국민이라 쓰는데 개인
이라 쓴 것도 이채롭다. 개인이 가지는 불가침의 권리를 보장
할 의무를 진다는 것을 강조한 게 아닐까. 참고로 기본권, 인권
이라 부를 수 있는 '기본적 인권'이란 단어가 여기 처음이자 마
지막으로 등장한다.

누군가 권리를 가지면 상대방은 의무가 있다. 국민은 국가
에게 기본적 인권을 주장할 수 있기 때문에 이에 대응해서 헌
법은 국가의 의무도 정했다. 이러한 기본권 보호의무는 "국가
권력이 국민의 기본권을 침해하는 것을 금지함은 물론 더 나
아가 적극적으로 국민의 기본권을 보호하고 실현할 의무"를
선언한 것이라고 미국산 광우병 쇠고기 사건에서 헌법재판소
는 말한다.[66]

이 사건의 다수의견은 생명·신체의 안전권이 인간의 존엄
과 가치의 근간이 된다고 설명한다. 그만큼 중요한 기본권이
라는 것을 강조한다. 미국산 쇠고기는 가축전염병예방법 34

조 2항에 근거해서 농수산식품부가 만든 수입위생조건 고시에 따라 수입됐다. 국회가 만든 법률과 정부의 고시에 따른 국가의 조치가 생명과 신체의 안전을 보호할 '의무'를 지킨 것인지 다수의견은 설명한다. 국가가 이러한 보호의무를 위반하면 국민의 안전권을 침해한 것이라는 논리를 편다.

이 사건에 있어서는 고시상의 보호조치가 국가의 기본권 보호의무를 위반함으로써 생명·신체의 안전과 같은 청구인들의 중요한 기본권이 침해되었는지 여부가 문제된다 할 것이다.

그런데 국가가 국민의 생명·신체의 안전을 보호할 의무를 진다하더라도 국가의 보호의무를 입법자 또는 그로부터 위임받은 집행자가 어떻게 실현하여야 할 것인가 하는 문제는 원칙적으로 권력분립과 민주주의의 원칙에 따라 국민에 의하여 직접 민주적 정당성을 부여받고 자신의 결정에 대하여 정치적 책임을 지는 입법자의 책임범위에 속하므로, 헌법재판소는 단지 제한적으로만 입법자 또는 그로부터 위임받은 집행자에 의한 보호의무의 이행을 심사할 수 있는 것이다.

따라서 국가가 국민의 생명·신체의 안전에 대한 보호의무를 다하지 않았는지 여부를 헌법재판소가 심사할 때에는 국가가 이를 보호하기 위하여 적어도 적절하고 효율적인 최소한의 보호조치를 취하였는가 하는 이른

바 '과소보호 금지원칙'의 위반 여부를 기준으로 삼아
[후략].⁶⁷

국가의 보호의무를 구체적으로 어떻게 실현할지는, 선거로 직접 민주적 정당성을 부여받아 정치적 책임을 지며 정책 전문성을 가진 국회와 정부가 판단할 몫이라는 것이다. 민주적 정당성이 없고 정책 전문성도 없는 헌재가 나서서 함부로 판단하긴 어렵다고 전제한다.

헌재는 단지 국회와 정부가 보호의무를 지키기 위해 효율적인 최소한의 보호조치를 했는지 살펴보고, 최소 조치도 하지 않은 것이 명백한 때만 위헌으로 삼겠다는 논리다. 이를 과소보호 금지 원칙이라 한다. 이는 법률이 헌법에 위반됐는지를 판단하는 구체적인 기준, 즉 위헌심사기준 중 하나다. 다수의견은 기존 헌재 판례에 따라 이런 논증으로 합헌의 길을 갔다.

홀로 반대한 재판관

이 사건의 다수의견은 8명의 재판관이 채택했다. 혼자 반대해서 위헌 의견을 낸 재판관도 있었다. 송두환 재판관이었다. 그 역시 다수의견처럼 국가가 기본권 보호의무를 잘 지켰는지에 관해서 과소보호 금지 원칙을 기준 삼아 판단했다. 그러나 국가가 기본권 보호의무를 제대로 실현했는지 헌재가 판단하기 어렵다고 제한하지 않았다. 국회와 정부가 결정해야 할 일이라 하지 않았다. 적극적으로 다른 논증을 시도했다. 결국 '생명·신체의 안전에 관한 기본권 보호의무'를 위반해서 위헌이라 선언했다. 소수의견은 다수의견의 이론과 기준을 적용하더라도 국민의 생명, 신체, 보건과 같은 중요한 사항이라면, 헌재가 엄밀하게 판단해야 한다는 주장을 한 것이다.

송두환 재판관은 정부가 최소한의 조치만 하면 보호의무를 다 이행했다고 여기지 않았다. 국회가 만든 법률의 위헌 여부를 헌재가 '약하게' 심사하면 안 된다고 본 것이다. 만약 정부가 실행한 보호정책보다 더 나은 대안 조치가 존재하고 이를 실행할 수 있었다면 정부는 더 나은 조치를 실행하지 않은 것이므로, 생명·신체의 안전에 관한 기본권 보호의무를 위반했다고 판단한 것이다.

국민의 생명과 안전에 대한 위험을 최대한 줄이기 위해서 정부가 충분하게 노력했다는 점이 명백히 나타나지 않으면 이 또한 보호의무를 위반한 것으로 판단하겠다고 포석을 놓았다. 위험한 식재료가 대량 수입되어 제대로 된 검역 없이 유통되는 경우에는 소비자에게 초래될 위험성이 매우 심각할 수 있다고 전제했다. 과소보호 금지 원칙이라는 공통된 위헌심사기준을 가지고 다수의견보다 엄중하게 심사한 것이다.

수입위생조건 같은 중요한 사항을 민주적 정당성을 가진 국회가 만드는 '법률'로 규정하지 않고, 의회의 입법 절차를 거치거나 국무회의도 거치지 않고 소관 부처가 스스로 집행하는 내부규정인 '고시'로만 규율한 점도 엄격한 위헌 판단을 하는 빌미가 됐다. 송두환 재판관은 홀로 결론을 맺었다.

그렇다면, 이 사건 고시는 국가의 기본 미국이 OIE 국제 기준상 소해면상뇌증 위험통제국 지위를 얻은 것에 기초하여 특별한 사정변경 없이 개정 전 고시보다 수입위생조건을 완화시킴으로써 미국산 쇠고기에 대한 위험방지조치의 정도를 현저히 낮춘 것이다. 이를 정당화할 만한 특별한 사정변경이나 공익적 필요성을 발견할 수 없는 반면, 미국산 쇠고기의 수입·유통으로 국민의 생명, 신체의 안전 등 기본권적 법익을 해할 위험성이 여전히 남아 있다 할 것이다. 이 사건 고시는 국가의 기본권 보호의무를 불충분하게 이행한 것이라고 아니할 수 없고, 따라서 이 사건 고시는 국가의 기본권 보호의무에 위배하여 청구인들의 기본권을 침해한다고 봄이 상당하다 할 것이다.[68]

———

생명, 신체, 안전

생명·신체의 안전에 관한 권리는 뜯어보면 세 가지 기본권으로 나눌 수 있다. 생명권, 신체를 훼손당하지 않을 권리, 안전권이 그것이다. 그런데 이 기본권들은 헌법에 명확하게 적혀 있지 않다. 구체적으로 생명, 신체, 건강, 안전은 헌법 이론에서 전통적으로 자주 다루는 주제는 아니었다. 국가가 국민의 생명과 안전, 건강을 지키는 것은 당연한 것이라 생각해서 헌법에 별다른 기본권 규정을 두지 않았을 것이다. 그러나 현대 사회에서 자연적, 사회적 위험이 발생하면 시민의 생명과 안전이 국가의 헌법에서 어떤 의미를 갖는지 우리는 스스로에게 묻게 된다.

먼저 헌법에는 생명권이라는 단어가 없다. 그러나 생명이 없으면 어떤 권리도 소용없다. 헌법에 쓰여 있지 않아도 생명권은 다른 권리들의 전제가 되는 권리라 논리적으로 당연히 인정한다. 헌재도 생명권을 기본권으로 인정한다.[69]

신체의 자유는 우리 헌법 12조에서 모든 국민은 신체의 자유를 가진다고 규정한다. 이 규정은 보통 신체가 자유롭게 움직이는 것, 그러니까 신체 활동의 자유를 의미한다. 그래서 법률에 정해진 대로가 아니면 함부로 체포·구속·압수·수색 또는 심문을 받지 않는다고 규정한다.[70] 신체의 자유는 신체 활동을 침해받지 않을 것 위주로 적혀 있는 것이다. 그러나 헌법재판소는 헌법 12조의 신체의 자유에서 '신체 활동의 자유'뿐만 아니라 '신체를 훼손당하지 않을 자유'도 기본권으로 도출해낸다.[71] 즉, 신체 자체를 침해받지 않을 것, '신체의 완전성'을 온전하게 보장받을 것도 포함한다.

신체를 훼손당하지 않을 자유는 안전권과도 밀접하게 연관된다. 안전에 관한 권리, 안전권도 헌법에 적혀 있지 않다.

물론 헌법에 '안전'이란 낱말이 나오지 않는 것은 아니다. 헌법 전문前文의 "우리들과 우리들의 자손의 안전과 자유와 행복을 영원히 확보할 것을 다짐하면서"에 안전에 대한 언급이 있다.

그 밖에 헌법에 안전이 쓰인 건 다 '국가'의 안전 보장에 대해서였다. 지금 헌법은 주로 국민 안전이 아니라 국가 안전을 강조한다. 통상적인 경우 국가의 안전을 보장하는 것은 국민 안전을 보호하는 것과 연결된다.

그러나 역사적으로 반대 경우도 많았다. 영화 〈실미도〉 (2003)의 내용처럼 국가 안보라는 명분하에 국민을 도구로 사용하기도 했다. 여수·순천사건, 제주4·3사건, 5·18광주민주화운동과 같이 오히려 국가 안전이란 이름으로 국민의 안전과 생명을 희생시킨 경우도 존재했다.

그렇게 국민 안전보다 우선한 건 국가 발전이었다. 1968년 2월 1일 착공해 1970년 7월 7일 준공한 경부고속도로를 만들면서 77명 혹은 그 이상의 노동자가 목숨을 잃었다.[72] 삼풍백화점과 성수대교 붕괴가 이어졌지만 한국은 자본주의 고속도로를 과속하며 질주해왔다. 산업재해라는 말 속에는 국가 경제와 기업을 위해 죽고 다친 노동자들의 이름이 가려진다. 한국은 산재로 죽어나간 근로자 비율이 OECD 국가 중에 최상위권인 나라다. 고도 성장의 산업화 단계를 지났는데도 여전히 심각한 상황이다.[73]

안전의 값

고용노동부가 작성한 2016년 산업재해 발생현황에 따르면, 2016년 산업재해로 인한 사망자수 중 사고 사망자수는 996명으로 전년 대비 14명이 증가하였다. 업종별로는 산업안전보건법 제23조 제3항 위반행위가 많이 발생하는 업종인 '건설업'에 종사하였던 사망자가 499명으로 1위이다(전체 사망자의 51.5%). 사망사고의 유형별로는 주로 산업안전보건법 제23조 제3항 위반행위로 인해 많이 발생하는 사고 유형인 '떨어짐'이 37.8%(366명), '부딪힘'이 10.4%(101명)이다. 이 둘을 합하면 전체 사망사고의 48.2%에 이른다."[74]

헌재 결정문의 일부분이다. 헌재는 2017년 산업안전보건법 사건에서 실제 정책 통계를 살펴보면서 심판을 진행했다. 구 산업안전보건법 23조 3항에 따르면 공사 현장에서 작업 중 근로자가 추락할 위험이 있는 곳, 토사 같은 것이 붕괴할 우려가 있는 곳, 물체가 떨어지거나 날아올 위험이 있는 곳, 그 밖에 천재지변으로 인한 위험이 발생할 우려가 있는 곳에 위험을 방지하기 위해 필요한 조치를 해야 할 사업주의 의무를 규정한다. 사업주가 이 의무를 다하지 않으면 형사처벌한다. A 씨는 모 관광호텔 신축공사를 진행하는 사업주였다. A 씨는 근로자가 추락할 위험이 있는 슬라브 이동통로, 1층 바닥 슬라브에 있는 장비 반입구, 피트층 작업발판에 있는 안전난간 등을 설치하지 않았다. 150만 원의 벌금을 부과받았다. 그러나 그는 형사처벌까지 하는 것은 너무 과도하다고 생각했다. 위헌이라며 헌법재판을 청구했다.

헌법재판소는 이 사건에서 사업주가 안전조치의무를 위반한 경우에 형사처벌 같은 엄격한 제재를 하지 않으면 산재가 발생할 가능성이 높아진다는 것에 주목한다.

산업안전보건법 제23조 제3항에 규정된 사업주의 안전조치의무는 근로자의 신체의 완전성을 보호하기 위한 규정이다. 산업안전보건법은 근로자의 안전을 유지하는 것을 목적으로 하고, 신체의 완전성은 인간 존엄의 기반이 되므로 이를 보호하는 것은 중요한 공익에 해당된다. 산업안전보건법 제23조 제3항 위반행위는 그러한 행정목적과 공익을 침해하는 정도가 크고, 그 가능성 또한 높기 때문에 행정목적과 공익을 직접적으로 침해하는 행위에 해당된다.[75]

사업주의 안전조치의무는 근로자의 신체의 완전성을 보호하려는 목적을 가진 의무다. 신체의 완전성. 결국 노동자들의 신체를 훼손당하지 않을 자유를 보호하기 위한 것이다. 이것이 이 법률조문을 만들어 지키려는 공익이라고 보았다. 그러면서 안전조치의무를 위반하면 상해나 사망이 발생할 수 있으므로, 행정목적 및 공익 침해의 정도가 매우 크다고 보았다.

영업의 자유를 가진 사업주는 이윤 추구라는 결과를 원하기 때문에 안전에 관한 비용도 아끼려 하고, 노동자도 돈을 벌기 위해서는 위험한 일도 감수하는 구조적 원인이 있다고 헌재는 지적한다.

> 이윤 추구라는 영업활동의 본질상, 사업주는 산업재해 예방을 위한 안전조치나 산업재해 발생을 인간의 존엄성 문제보다는 영업비용 증가의 문제로 인식하기 쉽다. 특히 안전조치에 들이는 비용은 산업재해가 실제로 발생하지만 않으면 공연한 지출에 해당되므로, 사업주의 입장에서는 이윤 증대를 위해 가급적 이를 줄이고자 하는 유혹도 있다. 반면, 근로 제공을 통해 생계유지를 위한 임금을 받아야만 하는 근로자의 입장에서는, 사업장에 산업재해 예방을 위한 안전조치가 제대로 되어 있지 않다는 이유로 근로 제공을 거부하기보다는 위험한 근로조건을 무릅쓰고 근로를 제공해야 하는 경우가 있다. 〔중략〕 위와 같은 구조적 특징에서 비롯되는 안전상의 공백이 커지기 쉽다.[76]

안전한 작업장을 만들기 위해 들여야 할 경제적 조치는 사업주 입장에서 볼 때 비용으로 여겨질 수밖에 없다. 일하는 사람의 생명과 신체가 중요하다고 생각한다면 그 비용을 아끼고 싶은 사업주의 마음을 법률이 제어해줄 필요가 생긴다. 2018년 12월 10일 태안화력발전소에서 사고를 당한 김용균 씨의 이름을 붙인 법, 산업안전보건법 63조도 비슷한 맥락에서 이해할 수 있다. 도급인은 관계수급인 노동자가 도급인의 사업장에서 작업을 하는 경우 필요한 안전조치 및 보건조치를 해야 한다는 내용의 개정 조항이다. 도급인이 하청을 주든 직접 공사를 하든 경제적 비용을 들여 안전조치와 보건조치를 하도록 의무를 둔 것이다.

헌재는 이 사건에서 사업주의 이윤 추구, 즉 영업의 자유라는 사익과 노동자들의 신체의 완전성이라는 공익을 비교해서 공익이 더 중요하다고 봤다. 공익의 침해 정도가 크다는 점과 엄격한 제재의 필요성을 근거로 들었다. 형사처벌을 통해서 엄한 책임을 묻겠다는 입법자의 결단은 헌법적 관점에서 정당하다고 판단했다.

사익과 공익을 비교해서 개인의 권익이 법을 만든 공익보다 우월하다면 사익을 침해한 법률로 판단해 위헌이 된다. 반대로 공익이 더 중요하다면 개인의 권리나 이익을 제한하는 것은 감수해야 할 합헌적인 제한으로 본다. 이러한 판단 방식은 국가의 행동이 시민의 권익을 침해했느냐를 판단할 때 주로 사용된다. 헌법 같은 공법적 사고 방식의 전형적인 모습이다. 여러 이익을 저울에 놓고 비교하는 이런 심사기준을 이익형량 원칙, 법익의 균형성 원칙이란 이름으로 부른다.

3,000만 원 주느냐 8,000만 원 주느냐

이익을 비교해서 결정을 하는 방식은 비단 공법의 것만은 아니다. 자본주의 사회에서 결정과 선택을 할 때 사용하는 방식이다. 잠깐 언급했지만 기업도 마찬가지다. 회사 입장에서 어떤 선택이 더 비쌀까? 산재 사고가 나도 산재 사망자 측에 주어야 할 손해배상금이 낮고 처벌받는 벌금의 액수도 적다면, 안전을 위해 돈을 투자할 필요가 없다.

자본주의 사회는 그것이 옳든 그르든 어쩔 수 없이 돈으로 모든 가치가 계산된다. 사람의 목숨까지도. 자본주의 방식으로 산재를 해결하는 길은 '안전값'과 '목숨값'을 올리는 것이다. 안전조치의무와 보건조치의무를 강화하는 것과 더불어, 기업이 그 의무를 다하지 않아 산재사고가 발생한 경우 징벌적 손해배상을 청구할 수 있게 하는 것도 '안전값'을 높이는 방법이다. 안전에 비용을 투입하지 않은 기업에게 대가를 치르게 하는 것이다. 또한 '목숨값'을 올려야 한다. 대표적으로 위자료의 경우를 보자. 위자료는 정신적 손해에 대한 배상이기 때문에, 산재 사망사고 같은 경우 유족연금이나 유족일시금처럼 산재보험에 따라 공적으로 받는 돈이나 일실수입逸失收入과 같은 다른 손해배상과 별도로, 가해자에게 청구해서 배상을 받을 수 있다.

서울중앙지방법원에서는 위자료 재판을 할 때 판사들이

참고할 수 있는 기준 금액을 만들어 알린다. 이 금액은 상향되어 2015년 3월 이후 1억 원이 되었다. 2020년 현재에도 1억 원이 교통사고나 산재로 목숨을 잃었을 경우 그에 대한 정신적 배상액의 '디폴트값'이다. 실제 재판에서 여러 사정을 감안해 그보다 더 큰 액수나 적은 액수로 판결이 될 수 있다.

그런데 어떤 판결에서는 장애인이라는 석연치 않은 이유로 교통사고로 사망한 사건의 위자료 금액이 1억 원이 아닌 5,000만 원으로 판단되기도 했다.[77] 근로 수익을 계산하는 일실수입에 대한 손해배상을 감액한 것이 아니다. 근로 능력과 관계없는 정신상 손해배상인 위자료가 절반이 감액된 사례였다. 위자료에 장애인의 근로 능력 유무는 참작될 필요가 없음에도 불구하고 말이다. 이렇듯 위자료 1억 원도 서울중앙지방법원이라는 특정 법원이 제시한 기준이라 지역별로 재판부별로 사건별로 더 적게 판결나는 경우도 있는 것이다.

또 다른 문제는 합의를 할 때 발생한다. 산재나 교통사고의 책임이 있는 상대방이나 그의 보험회사, 이들을 대리하는 법무법인이나 노무법인은 합의 단계에서 판결의 기준 금액보다도 더 깎아서 합의금을 제시한다. 경황도 없고 정보도 약한 유족들은 하릴없이 그 금액에 합의하게 된다. 변호사를 선임해서 수년간 소송을 힘들게 해도, 소송에 들어가는 시간과 비용을 생각하면 그들이 제시하는 기준 금액 이상을 받기가 현실적으로 쉽지 않기 때문이다.

부산에서 노동인권 변론을 하다가 국회의원으로 당선된

노무현 변호사는 5공 청문회를 통해 전국구 인물로 발돋움했다. 그는 정주영 현대그룹 명예회장에게도, 전두환의 최측근 장세동 안기부장에게도 누구나 이해하기 쉬운 말로 날카로운 질문을 던졌다. 그때 노무현 의원은 유찬우 풍산금속 대표에게 이렇게 말했다.

절대권력을 가진 권부에는 5년 동안에 34억 5,000만 원이라는 돈을 낼름낼름 갖다주면서, 내 공장에서 내 돈 벌어주려고 일하다가 죽었던 이 노동자에 대해서 3,000만 원 주느냐 8,000만 원 주느냐를 가지고 그렇게 싸워야 합니까? 그것이 인도적입니까? 그것이 기업이 할 일입니까? 답변하십시오.[78]

노무현 의원은 자기 공장을 위해 일하다가 폭발사고로 죽은 노동자에게 '3,000만 원 주느냐 8,000만 원 주느냐'를 따지면서 정치권력에는 수십억 원을 가져다준 기업인을 비판했다. 1988년, 그러니까 30여 년 전 근로자의 '목숨값'이 얼마였는지 추단해볼 수 있다. 국회의원이었던 변호사가 대통령이 되었다가 서거한 지 10년이 지난 지금, 위자료를 5,000만 원 주느냐 1억 원을 주느냐를 가지고 판결이 난다. 당시 풍산금속은 유족에게 위자료만은 아니었겠지만 9,000만 원을 지급했다고 한다.

국가가 제자리로 돌아가는 풍경

한국이 OECD에 가입한 지도 20년이 넘었다. 반세기 전부터 돈과 성장을 최고로 여긴 결과요, 성취다. 그 덕분에 국가와 기업의 주머니는 두둑해졌다. 그러나 생명의 무게는 그만큼 무거워지지 않았다. 산재 사망률, 자살률, 교통사고 사망률, 출생률, 노인 빈곤율은 국가가 국민의 생명을 어떻게 보호하고 있는지를 볼 수 있는 숫자다. 이와 관련된 한국 통계는 불행하게도 OECD 국가 중에서 선두에 있다.

생명과 안전에 대해 우리가 겪은 일 중 먼저 떠오르는 건 세월호 참사다. 《워싱턴포스트》는 2014년 4월 27일 한국의 세월호 사건이 미국의 카트리나 사태를 떠올리게 한다고 평한 바 있다.[79] 2005년 여름, 초대형 허리케인이 미국 남부 루이지애나주 뉴올리언스를 강타해서 1,800명이 넘는 사망자가 발생했다. 두 대형 사건의 발생 원인은 자연 재난과 해상 사고로 달랐다.

그러나 이 신문은 두 사건 모두 국가의 재난적 위기대응체계가 제대로 작동하지 못했다는 점에 주목했다. 당시 부시 정부의 국토부와 연방재난관리청, 루이지애나 주지사는 재해에 성공적인 대응을 하고 있다고 발표했다가 거짓이 들통났다. 뉴올리언스 시장도 제때 대피명령을 하지 못해 피해를 키웠다는 비판을 받았다. 국가의 구호품 전달 체계는 사기업인 월마

트보다 못했다.[80]

'카트리나 시점Katrina moment'이라는 말이 생겼다. 국가 재난이나 커다란 정책 실패로 국민들이 그 정부의 성공에 대한 기대를 아예 접는 분기점을 말한다. 이 결정적인 순간을 놓치면 중도층은 등을 돌리고 전통적 지지 기반도 흔들려 지지율이 급격히 빠진다. 웬만해서는 시민들의 마음을 돌리기 어려운 결정적인 순간을 가리킨다.

사건 하나만으로 더 이상 신뢰할 수 없다는 판단을 하는 것은 아니다. 국민들은 이성적으로만 판단해서 치명적인 실패라 단정하지도 않는다. 그때까지 그 정부의 국가운영과 위기대응 능력을 종합해서 정권과 리더에 대한 정서적 비토를 선언하는 지점인 것이다. 정부의 존재 이유가 국민의 생명과 안전을 지키는 것인데 그것에 최선을 다하지 못했음에도 불구하고 무감각해져버린 권력에 대해 실망하는 기점이다.

카트리나 참사에서 조지 W. 부시가 그랬다. 대통령이 휴가를 즐기는 중에 허리케인이 발생했다. 전용 비행기인 에어포스원 유리창을 통해 현장을 둘러보다 비판을 받았다. 뒤늦게 뉴올리언스 현장을 찾아갔지만 현실을 직시하지 못했다. 관료의 보고를 받고 공개 칭찬했다가 여론의 뭇매를 맞았다. 대통령 지지율은 30퍼센트대로 급전직하했고 특별한 반전은 없었다.[81]

우리가 겪은 장면이 스쳐간다. 국민들이 광우병 쇠고기 수입을 반대하는 집회를 하자 이명박 대통령은 별다른 언급을 하지 않았다. 대신 행동으로 보였다. 경찰버스로 '명박산성'을 쌓아 국민과 소통할 기회를 스스로 막았다. 박근혜 대통령은 세월호가 가라앉은 날 일곱 시간 만에 나타나 긴급회의를 열고 국민과 언론 앞에서 참모와 공무원들에게 물었다. "다 그렇게 구명조끼를 학생들은 입었다고 하는데 발견하기가 힘듭니까?" 카트리나 시점이었다.[82]

국민들은 민족 중흥의 역사적 사명을 띠고 태어난 것도 아닌데 국가 발전을 위해 생명까지 내놓기도 한다. 반면 부자가 된 국가가 자신의 능력을 다해 국민의 생명을 지킬 책무를 다하고 있는지 아리송할 때가 있다.

생명을 존중하지 않았던 이 '경제 선진국'은 자신의 헌법에 안전과 생명에 대한 내용을 넣으려 시도했다. 현실에서는 별로 바뀐 게 없는 것 같지만 헌법에 담으려는 게 아예 의미 없는 것은 아니다. 헌법이란 역사 속에서 시민들이 겪어온 아픔과 경험이 하나하나 쌓여 만들어지는 것이기 때문이다. 2018년 문재인 대통령이 20대 국회에 제출한 개헌안에 새롭게 생명권, 신체와 정신을 훼손당하지 않을 권리, 안전권을 뚜렷하게 적었다. 국가가 헌법에 노란 리본을 묶으며 적은 두 줄의 반성문이었다.

개헌안[83] **제12조** 모든 사람은 생명권을 가지며, 신체와 정신을 훼손당하지 않을 권리를 가진다.
제37조 ① 모든 국민은 안전하게 살 권리를 가진다.

생명권, 신체를 훼손당하지 않을 권리, 안전권을 꼭 헌법에 써야만 국가가 이 권리들을 보호해야 하는 것은 아니다. 헌법에 적지 않아도 보장해야 한다는 건 두말할 필요가 없다. 권리 조항을 명시하지 않더라도 국민의 생명을 지키고 안전을 보장할 의무를 헌법 10조에 따라 당연히 국가는 진다. 우리가 뼈저리게 느낀 것처럼 핵심은 국가의 실천이다. 나라를 세우고 헌법을 만든 이유다. 2008년에도 2014년에도 그랬고 지금도 달라질 수 없다.

4장. 우리 헌법 바로 쓰기

공무원은 노동절에 쉬지 않는다

매년 5월 1일은 노동절 또는 근로자의 날이다. 공무원은 쉬지 않는다(공휴일에 모두 쉬는 공무원이 노동절까지 쉬겠다고 하면 시민들의 불만이 커질지 모르겠지만). 공무원은 근로기준법을 적용받는 근로자가 아니라는 게 논리다. 공무원의 노동3권도 헌법 33조 2항 자체에서 상당히 제한한다.

그럼에도 불구하고 헌법은 공무원도 근로자라 선언한다. 법령에 따라 공적 업무를 수행하니, 업무 대상만 특수할 뿐 본질적으로 공무원도 고용주인 국가에게 노동을 제공해서 반대급부를 받는 노동자라는 게 달라지지 않는다.

> **헌법 제7조** ① 공무원은 국민전체에 대한 봉사자이며, 국민에 대하여 책임을 진다.

② 공무원의 신분과 정치적 중립성은 법률이 정하는 바에 의하여 보장된다.

제33조 ① 근로자는 근로조건의 향상을 위하여 자주적인 단결권·단체교섭권 및 단체행동권을 가진다.
② 공무원인 근로자는 법률이 정하는 자에 한하여 단결권·단체교섭권 및 단체행동권을 가진다.

헌법은 또한 공무원을 근로자라 말할 뿐만 아니라 국민 전체에 대한 봉사자라 규정한다. 국립국어원 표준국어대사전에서 봉사奉仕의 뜻은 "국가나 사회 또는 남을 위하여 자신을 돌보지 아니하고 힘을 바쳐 애씀"을 말한다. 공무원은 근로자인가 아니면 봉사자인가. 직관적으로 공무원은 일반 국민들을 대신해서 안정된 일자리를 가지고 중요한 공무를 수행하니까 노동자가 아니고 국민과 국가를 위한 봉사자라고 생각하기는 쉽다. 정말 그런가.

이 규정이 들어온 건 역사적인 이유가 있다. 독일에서 히틀러의 나치가 등장하기 전에 있던 바이마르공화국의 헌법 130조 1항에 비슷한 내용이 있었다. "공무원은 전체 국민의 봉사자로서 일당파의 봉사자는 아니다"라고 규정했다. '봉사자'가 사용된 이유는 공무원이 특정 정치조직을 위해 존재하는 것이 아니라 국민 전체의 공익을 위해 일한다는 측면을 강조하려는 것이었다. '봉사자'는 우리 헌법에까지 들어왔다. 그러나 1948년 헌법을 만들 때부터 존재했던 것은 아니었다.

제헌 헌법 제27조 공무원은 주권을 가진 국민의 수임자이며 언제든지 국민에 대하여 책임을 진다. 국민은 불법행위를 한 공무원의 파면을 청원할 권리가 있다.

3공화국 헌법 제6조 ① 공무원은 국민전체에 대한 봉사자이며, 국민에 대하여 책임을 진다.

장면 내각의 2공화국 때까지 공무원은 '국민의 수임자'였다. 1961년 5월 16일 군사 쿠데타로 헌정을 짓밟고 권력을 잡은 박정희 소장이 국가재건최고회의를 통해 헌법을 개정했다. 1963년 3공화국 헌법에서 삽입된 것이다. '봉사자'는 군사 정권이 '수입'했다.[84]

다음으로 공무원의 신분과 정치적 중립성을 보장하는 현행 헌법 7조 2항을 읽어보자. 공무원의 신분 보장은 '직업공무원 제도'라 불린다. '엽관제獵官制, spoils system'의 폐단을 막기 위한 것이었다. 미국의 독립 초기, 어떤 정치세력이 권력을 획득하면 공직을 전리품처럼 여긴 나머지 기존에 일하던 공무원들을 다 내쫓았다. 정실 인사로 우체국 말단 직원까지 자기 세력을 심어 나라가 제대로 돌아가지 않을 지경이었다. 공적 업무의 안정적인 연속성을 보장하고 정치권력의 교체에 따른 권력남용의 부작용에 대처하려, 정치적 중립성을 강조한 '직업공무원' 개념이 발전했다.

공무원은 국가와 계약해서 일을 한다. 다만 일의 내용이 국민을 위해 공무를 수행한다는 것으로 특수할 뿐이다. 넓게 보면 본질은 노동자다. 그러니 공무원도 평범한 생활인이다. 공직을 직업으로 택해 자기가 맡은 일을 하면서 안정적인 소득을 얻어 살아가는 것이다. 다양한 영역에서 일하고 있는 소박한 직장인, 노동자들과 닮았다.

한편 2018년 개헌안에서는 현행 헌법과 같은 내용으로 제안했다.

개헌안 제7조 ① 공무원은 국민 전체에게 봉사하며, 국민에 대하여 책임을 진다.

그러나 공무원은 국민 전체를 위한 노동자로서 최선을 다해 성실하게 일하며,[85] 국민에 대하여 공직자로서 직업적 책임을 진다고 하면, 그것만으로 충분하지 않을까. 봉사는 자발적인 것이고 윤리적인 언어니까 헌법에 없었으면 한다. 나중에 헌법을 개정할 기회가 생기면 이런 문안을 다시 제안하고 싶다.

나의 제안 제7조 ① 공무원은 국민 전체를 위하여 성실히 일하며, 국민에 대하여 공적 책임을 진다.

받들겠습니다

공무원과 국민의 관계, 그 본질은 고용관계다. 그렇다면 공무원과 국가의 관계는 어떨까. 교수노조 합법화가 문제된 교원노조법 사건에서 헌법재판소가 이에 대해 언급한 것이 있다. 재판소는 직업공무원과 국가의 관계에 대해 봉사자에서 한발 더 나아간다.

> 교육공무원은 교육을 통해 국민 전체에게 봉사하는 공무원의 지위를 가지고 있기는 하지만, 〔중략〕 **직업공무원 관계의 특성인 공법상의 근무·충성 관계에 입각하여** 국민과 국가의 관계 형성에 관하여 중요하고 독자적인 결정권한을 갖는다고 볼 수는 없다.[86]

재밌는 말이다. 충성忠誠. 직업공무원관계의 특성을 공법상 근무·충성 관계로 본다. 공법상 국가(또는 국민)와 공무원의 근무관계는 단순한 노동계약이나 근로계약관계가 아니라 공무원이 충성해야 하는 의무가 부과되는 관계라는 것이다.

유럽에서 산업혁명과 함께 근대가 태동하던 시기는 군주의 지배력이 여전히 강했다. 이때 형성된 절대국가의 관료제는 전통적인 중세 가신제도나 현대적 공무원제도와 달랐다. 국부는 증대하고 국가권력은 중앙집권화됐다. 국가 발전을 위해 유능한 관료 확보가 중요해졌고 공조직은 틀을 갖춰나갔다. 당시 공직자는 일반 시민들에 비해 특권적이고 우월적인 지위를 가졌다. 권력을 국가의 이름으로 대신 행사했다. 반대급부로 군주에게 철저히 충성했다. 군주가 관료를 지배하고 관료는 군주에게 복종한 것이다. 관료제는 공고해졌다.[87]

독일이 대표적이다. 19세기 후반 독일을 통일한 철혈재상 비스마르크는 프로이센의 관료제를 독일제국 전체의 관료제로 확산시키고 발전시켰다. 이후 바이마르공화국에서는 직업공무원제도를 국민 전체를 위한 헌법상 제도로 보장했다. 곧바로 등장한 히틀러와 나치는 공조직을 권력의 시녀로 만들어 정치적 중립이 지켜지지 않은 충성관계의 최대치를 극악스럽게 실행했다.

"진정에서 우러나오는 정성"이 '충성'의 뜻이다. 특히 왕이나 국가에 대한 것을 이른다. 독일어로 '충성의무'는 '트로이프 플리히트Treuepflicht'인데 '트로이Treue'는 충성, 성실, 충실, 신의를 의미한다. 독일법과 일본법을 거쳐 우리 법에도 남았다. 상법이나 노동법에서는 주로 충실의무나 성실의무라 한다.[88] 공무원의 근무관계에서도 이 단어가 사용되는 것이다.

조선이라는 중세 봉건왕조에서 충성은 군신 사이의 바른 관계, 즉 신하가 군주에게 진정에서 우러나오는 정성을 바치는 것을 의미했다. 곧바로 제국주의의 강압적 지배를 거쳐 독재 정권을 겪었다. 한국에서 공무원의 충성의무는 의도했든 의도하지 않았든 현실 속에서 실현되어 내재되고 강화됐다.

민주 정부가 연이어 들어서면서 약화되기도 했다. 법학이나 행정학에서 충성의무을 언급하는 국가는 독재나 제국주의, 권위주의를 경험한 독일, 일본, 중국, 한국 같은 나라가 대표적인데 단지 우연의 일치만은 아니라고 나는 짐작한다.

"받들겠습니다!" 영화 〈1987〉(2017)에서 가장 많이 반복된 대사 중 하나다. 독재 정권 밑에서 위헌적이고 불법적인 고문을 자행하다가 사람을 죽인 대공수사처의 형사들이 초법적인 명령이 떨어질 때마다 큰 목소리로 반복해서 복창하던 대답이다. 양심상 도저히 따를 수 없는 명령이었기 때문에 스스로를 먼저 납득시키려는 듯이.

———

봉사자의 충성의무

일에 파묻혀 살다보면 공직자들에게 크고 가깝게 다가오는 것은 정치권력과 조직 논리이고, 멀고 희미한 것은 국민 전체가 될 수 있다. 그래서 대다수 공무원들은 부지불식간에 이를 경계하며 지내려 하고 관료조직 안에서는 권력을 조심하는 문화도 존재한다. 불이익을 감수하고 권력에 직언하기는 어렵기 때문이기도 하다.

집권세력과 관료의 이상적인 관계는 어떤 모습일까. 평소에는 민주적 정당성을 가진 정치권력이 그 정책 방향에 따라 관료제의 순기능이 발휘되도록 합당한 지시와 명령을 하고,

직업공무원은 그 지시에 따라 구체적인 국리민복의 실현을 위해 일하는 것이다. 다만 정치권력이 위헌적, 위법적이면서 국민의 권리와 국익에 반하는 정책을 펴는 경우에는 헌법상 신분이 보장된 직업공무원들이 정당한 명령에만 따르고 부당한 명령을 거부하면서 헌법을 수호하는 게 바람직할 것이다.

이 관계를 잘 뜯어보면 '충성할 의무'는 무용하다. 정치권력과 관료조직 사이에는 합헌적이고 합법적인 지시와 그에 따른 복무, 국민을 위한 협력만 있으면 충분하다. 의무로서 국가나 선출권력에 대한 충성관계만을 강조하다가 헌법, 국민, 인권 같은 상위 가치를 잃는 극단적인 모습을 우리는 지난 박근혜 정부에서 여실히 지켜봤다. 때로 충성은 그 대상에게 무조건적이고 무비판적일 것을 요구하지 않는가.

직업인으로서 공무원 자신의 양심을 지켜 일하기만 해도 자연히 국민 전체에 이익이 돌아간다. 공직에서 통상 문제가 생기는 건 자신의 맡은 공무에서 직업적인 책임을 다하지 않거나 위법적이고 부당한 행위를 하기 때문이지, '충성의무를 다하는 봉사'를 하지 않아서 발생하지 않는다.

국가에 대한 충성이나 애국 같은 것은 공동체를 위해 반드시 있어야 할 고귀한 가치다. 평균적인 직업상 책임을 넘어 국민이나 국가에 스스로 먼저 충성을 하며 최선을 다하는 공무원이나 관료는 존경을 받는다. 그 행동도 마땅히 장려된다. 하지만 충성은 어디까지나 내면적인 것이며 자발적인 것이다. 외부에서 강제할 수 없어 법적 의무로 어울리지 않는다. 충성은 '충성심'으로는 자연스럽지만 '충성의무'로는 어색하다. 애국심은 있어도 애국의무는 없는 것처럼. 만약 충성이 의무로도 가능하다면 충성하지 않고 맡은 일만 '적절히' 잘해내는 공무원은 충성의무를 위반해서 위법적 상태에 있으니 제재를 해야 한다는 논리에 닿는데, 이게 타당한가.

공적 노동을 꼭 봉사나 충성이라고 표현해야만 숭고해지는 것은 아니다. 공무公務도 직무의 한 종류일 뿐이고 그 노무를 제공한 대가로 국가로부터 월급을 받는다고 표현한다고 해서 저속해지는 것도 또한 아니다. 헌법의 언어는 성聖스런 언어와 거리를 두고 속俗의 언어를 가까이 해야 하지 않을까. 실제 땅을 딛고 서서 입을 열어 말하는 언어여야 시민들이 이해하기 용이하다. 그리고 그런 언어일 때 헌법은 자유로운 국민들이 만든 국가의 최고 규범으로서 지키기도 쉽다.

봉사자라는 표현이나 충성의무가 법적 효력이 없는 윤리적 의무일 뿐이라 문제없다는 견해도 있다. 그러나 헌법의 규범력을 높이기 위해서는 선언적이고 윤리적이며 신성한 언어들이 필요한지 살펴서 현실에 들어맞는 용어를 써야 한다고 나는 생각한다.

바꿀 만한 언어를 찾아보자. 국가나 헌법, 국민에 대한 '충성의무'보다 '헌법수호의무'와 '헌법집행의무', '공무집행의 성실의무'라는 용어를 사용하는 건 어떨까. 헌법을 수호한다는 것은 헌법과 헌법을 구체화하는 법률을 준수하고 지킨다는 것이다. 헌법을 집행한다는 것이나 공무집행을 성실히 한다는 것은 헌법 규정과 이를 구체화한 법률을 적극적으로 집행하고 헌법 원칙을 업무 속에서 실현해간다는 의미다.

충성이나 봉사는 군주가 있던 시절이나 권위주의 시대에 어울리는 단어가 아닐까. 헌법에서는 공무원이 맡은 직무에서 직업적 책임을 다하고 최선을 다해 성실하게 일해야 한다는 것을 규정해도 충분하다. 신성하지 않은 속세의 언어를 쓰자. 우리가 헌법과 함께 살면서 감당할 만한.

━━◆━━

근로의 종말

노동절은 근로자의 날 제정에 관한 법률로 규정되어 있다. "5월 1일을 근로자의 날로 하고, 이 날을 「근로기준법」에 따른 유급휴일有給休日로 한다." 이 한 줄이 전부인 법률이다.

본래 이날은 1886년 5월 1일 미국의 대규모 총파업 당시 희생된 노동자들의 정신을 기념하려던 날이다. 해방 이후 우리나라 노동자들도 이날을 기리는 세계 대부분의 국가와 맞추어 5월 1일을 기념했다. 그런데 이승만 정권은 공산 진영에서 노동절을 정치적으로 이용한다며, 어용노조인 대한노총의 창립일인 3월 10일로 바꿔서 행사를 진행했다. 나아가 박정희 정권은 1963년에 이 한 문장의 법률을 제정하면서 명칭도 '근로자의 날'로 바꾸고 3월 10일도 법정화法定化했다. 이름과 기념일을 법에 못박아 노동운동을 약화시키려 한 것이다. 오랜 세월이 지나 노동계의 요구로 1994년 이 법률을 다시 개정했다. 날짜는 5월 1일로 돌아왔지만 이름은 여전히 근로자의 날이다.

'근로자의 날'에서 '근로'의 사전적 의미는 '부지런히 일한다'는 것이다. 한국인들에게 어울리는 단어다. 우리 임금노동자의 연간 근로시간은 2016년 기준 2,052시간이다. 독일(1,298시간), 일본(1,724시간), 미국(1,787시간) 같은 주요 국가에 비해 우리는 장시간 '근로'한다. 멕시코에 이어 OECD의 최상위권 안에 드는 것은 많이 알려졌다.[89]

일제강점기에 근로는 '근로정신대'나 '근로보국대'처럼 식민 지배를 강화하는 용어로 쓰였다. 한국전쟁이 끝나고 전쟁 완수와 재해복구에 필요한 중요 업무에 종사하도록 동원하던 "전시근로동원법"처럼 권위주의 정권에서도 '근로'와 '근로자'를 강조했다.[90] 국가주의와 전체주의적인 용어로 악용됐다.

'근로'는 국가나 사용자를 위해 부지런해야 한다는 경향성을 담고 있다. 반면 '노동'은 "사람이 생활에 필요한 물자를 얻기 위하여 육체적 노력이나 정신적 노력을 들이는 행위"를 뜻한다. 근로보다 주체적인 단어다. 다만 반공주의가 지배한 나라에서 '노동'은 기피되는 단어였다.

아직 헌법에도 '근로'가 쓰인다. 모든 국민은 근로의 권리를 가지면서 모든 국민은 근로의 의무를 진다(헌법 32조 1항, 2항). 근로자는 근로조건의 향상을 위하여 자주적인 단결권·단체교섭권 및 단체행동권을 가진다(헌법 33조 1항). 공무원인 근로자는 법률이 정하는 자에 한하여 단결권·단체교섭권 및 단체행동권을 가진다(헌법 33조 2항).

근로와 노동 중에서 무엇을 택할까. 21세기가 되고도 20년이 더 지났는데 아직도 헌법은 주권자 국민에게 '근로'할 것을 요구하는 것 같다. 21세기 노동 현실은 복잡하게 꼬여 있고 이를 둘러싼 환경은 급격히 변하는데 헌법은 20세기에서 갈팡질팡하는 듯하다.

노동의 종말

만화 〈2020년 우주의 원더키디〉처럼 2020년에는 하늘을 나는 코보트(초소형 비행기로 변신하는 로봇)를 하나씩 소유할 수 있을 것이라는 소싯적 기대는 버렸지만, 21세기 노동은 존재론적 문제와 맞닥뜨렸다. 기계와 기술과 인공지능이 인간의 신체와 숙련과 지능을 넘보며 기술 발전 속도는 인간의 적응 속도를 추월한 지 오래다. 기술이 혁신되고 다시 혁신되는 간격을 따라붙는 기성 세대는 많지 않다.

'3차 산업혁명'이라는 말이 나온 지 얼마나 됐다고 '4차 산업혁명'이라는 말이 나온다. 이 말들도 진부해져 '혁명적'이지 않게 들린다. 인류사에서 농업혁명과 산업혁명은 초단기간에 이루어지지 않았다. 산업혁명을 지난 지 몇백 년이 되지도 않았으니 가히 역사적 변혁의 초격차 사이에 우리는 산다.

이 시대는 부를 창출할 자본력을 갖추지 못하고 노동력만 가진 사람들이 그것만으로는 소득을 창출하기 어려워지는 것을 예정한다. 고도화된 지식사회지만 지식노동도 사정은 비슷하다. 지식 축적과 정보 생산 속도는 기존 전문가들의 습득 속도보다 빠르다. 바로바로 필요한 지식을 '업데이트'해서 따라가지 못하면 부와 소득이 창출되지 못하고 도태되기 일쑤다.

기계와 인공지능이 지식노동을 언제 얼마나 대체할지 모른다. 산업혁명 때 자기 일자리를 지키기 위해 기계를 때려 부순 육체노동자들의 러다이트운동이 떠오르면서, 그들이 가졌던 두려움도 느껴진다. 조만간 인공지능이 법률가를 대체한다는 말은 법조의 미래를 보여주는 상징적인 말이 된 것처럼 말이다.

21세기는 노동자와 기업가의 구분이 점점 모호해질 것이다. 기업企業이라는 한자는 말 그대로 업을 일으킨다는 것이다. 남 밑에서 일하지 않고 자신의 노동, 지식, 서비스를 제공하는 자영업과 프리랜서, 스타트업, 유튜버가 확대되는 시대다. 언제 어디서나 자신의 뇌와 노트북과 스마트폰을 연결해서 '기업'할 수 있다.

기업은 창의와 자율과 도전의 다른 말이다. 새로운 생각없이 부지런하게 주어진 일만 하는 것과는 거리가 멀다. 자유롭고 게으른 와중에 창조적이 되기도 한다. 성실히 해야 할 일만 하는 것으로 여태껏 경험해보지 못한 새로운 정보와 기술혁명의 쓰나미를 감당할 수 있을까. 자신만의 '기업'으로 '노동'을 주체적으로 계획하고 창조적으로 실행해야 살아남는 시대가 오는 것은 아닐까.

제러미 리프킨이 제시한 '노동의 종말' 시대에 헌법에 노동이라 쓰느냐 근로라 쓰느냐는 중요하지 않다고 볼 수도 있다. 그러나 노동의 주체성과 노동의 창조성은 그 문제가 연결되어 있다. 인간은 주체적이어야 창조적일 가능성이 크기 때문이다. 그러니 21세기의 새로운 해일이 저 앞에 보일지라도 20세기에 해결하지 못한 매듭 역시 얼른 풀어야 할 것이다.

우리 헌법에는 아직 자신의 판단 없이 누군가를 위해 '부지런히 일하라'는 가치지향적 단어가 노동이란 용어를 대신하고 있다. 지난 2018년 대통령 개헌안에는 일본제국주의 시대부터 사용된 '근로'라는 용어를 '노동'으로 변경하는 내용이 담겼지만 통과되지 못했다. 근로는 여전히 기본권의 언어로도 남았고 심지어 의무로도 규정되어 있다. 헌법의 언어로서 '근로의 종말'이 늦더니 새로운 시대 패러다임으로 '노동의 종말'도 다가온다.

루덴스와 파베르

학창시절 사회 시간에 국민의 4대 의무를 열심히 외웠다. 여기엔 근로(노동)의 '의무'가 들어간다고 배웠다. 그런데 헌법에는 근로(노동)의 권리가 있다. 노동은 의무인가 또는 권리인가. 헌법 조문을 펼쳐보자.

제헌 헌법 제17조 모든 국민은 근로의 권리와 의무를 가진다.

현행 헌법 제32조 ① 모든 국민은 근로의 권리를 가진다. 국가는 사회적·경제적 방법으로 근로자의 고용의 증진과 적정임금의 보장에 노력하여야 하며, 법률이 정하는 바에 의하여 최저임금제를 시행하여야 한다.
② 모든 국민은 근로의 의무를 진다. 국가는 근로의 의무의 내용과 조건을 민주주의원칙에 따라 법률로 정한다.
제37조 ① 국민의 자유와 권리는 헌법에 열거되지 아니한 이유로 경시되지 아니한다.

헌법에 따르면 1948년 이후 근로의 권리(일할 권리)도 있고 근로의 의무(일할 의무)도 있으니 노동이란 권리이자 의무라는 건데, 성부 성자 성령의 삼위가 일체라는 기독교리처럼 이해하기가 만만치 않다. 이 관계를 이해하기 위해 서로 다른 견해들이 맞선다. 헌법에서 근로의무의 내용과 조건을 민주주의 원칙에 따라 법률로 정하도록 했기 때문에 일할 의무는 헌법적인 의무라는 주장이 있다. 반면에 단지 선언적이고 도덕적 차원의 의무라는 점에서 윤리적 의무라는 의견도 있다.

법적 의무라는 전자의 견해를 엄밀히 따르면 일하지 않는 것은 헌법 위반이다. 일할 수 있는데 하지 않았다면 헌법상 의무를 위반하는 위헌적인 행위를 하는 것인데 너무하지 않은가? 윤리적 의무라는 견해에 따르면 자기 맘대로 일하지 않고 놀더라도 위헌적이고 불법적인 행위는 아니라고 해석할 수 있다. 그러니까 헌법에 규정되어 있긴 하지만 어겨도 되는 내용으로 볼 수밖에 없다. 이 규정의 규범력을 약화시키는 것이다. 결국 일할 의무는 어쩔 수 없이 윤리적 의무로 해석해야 한다.

일하는 게 권리냐 의무냐에 대한 법학자나 법률가들의 비판이 이어지자 2018년 대통령 개헌안에서는 헌법적 의무로 보기 어려운 근로의 의무 조항을 삭제한 개정안을 제시했다.

> **개헌안 제33조** ① 모든 국민은 일할 권리를 가지며, 국가는 고용의 안정과 증진을 위한 정책을 시행해야 한다.
> ② 국가는 적정임금을 보장하기 위하여 노력해야 하며, 법률로 정하는 바에 따라 최저임금제를 시행해야 한다.

언어, 역사, 문화, 종교 등 다방면에 뛰어났던 네덜란드의 역사학자 요한 하위징아는《호모 루덴스》에서 놀이하는 인간의 중요성을 설파했다. 원래 하위징아는《사피엔스》의 유발 하라리처럼 중세사가 주된 연구 분야인지라 그의 이름을 알린 책은《중세의 가을》이었는데, 중세에 '놀던' 인간을 연구했다. 그는 호모 루덴스란 개념을 호모 사피엔스, 호모 파베르와 같은 급에 두려 했다.[91]

무언가를 생산하며 일하는 도구적 인간을 가리키는 호모 파베르는 프랑스의 철학자 앙리 루이 베르그손이 제시했다. 하위징아는 '놀 줄 모르는' 호모 파베르를 비판하면서 그들이 만든 현대 문명 사회에서 놀이가 쇠퇴했다고 꼬집었다.[92] 현대인들에게 놀이는 노동의 스트레스를 푸는 여가 정도에 머무르는 경우가 많다. 그러나 놀이는 본래 예술을 만들었고 문화로서 문명을 창조해냈다. 삶과 사회의 기본적인 형태를 만들어냈다. 각종 의례는 성스러운 놀이에서 성장했고, 시 같은 문학, 음악, 춤은 놀이에서 태어났다.[93]

다시 헌법 10조나 37조 1항을 읽으며 헌법에 쓰이지 않은 권리를 머릿속에 떠올려보자. 행복을 추구하는 자유로운 인간이라면 일하지 않고 놀 권리는 없는가. '일할 권리'도 있으니 일하지 않을 수도 있다. '놀 자유'가 우리 헌법에 있다는 즐거운 상상을 하자.

사피엔스가 루덴스가 되는 것은 주체적인 놀이를 통해서다. 노동을 신성하다고도 하는데, 스스로 하겠다고 마음먹은 노동이라야 신성한 것이지 않을까. 신성하면서도 행복한 노동과 놀이의 공통점은 주체성일지 모른다. 호모 파베르이면서 호모 루덴스인 사피엔스는 주체적인 노동을 하는 인류이지 않을까.

알리바바 그룹을 이끌었던 마윈은 하루 네 시간만 일하고 남은 시간에 자신이 하고 싶은 대로 살면서도 바쁘다고 말하는 세상이 올 것이라 설파한다. 앞으로 일이란 유희에 절대적

반대 개념이 아니라 상대적으로 공존하는 의미가 될지도 모른다. 일과 놀이의 경계를 무너뜨리는 자들의 세상이 다가오고 있다. 유튜버와 게이머를 보면 놀이를 일처럼, 일을 놀이처럼 하는 것이 중요한 시대는 이미 와버린 것 같다. 하위징아는 벌써 알았겠지만.

우리는 국가와 자본에 대응해서 헌법에 노동 보호를 넣을 것만 생각해왔다. 미래에는 시민들의 노동기본권을 서술하는 것을 '넘어서는' 내용이 필요할 것이다. 기계와 인공지능에 대비해서 인간의 자유로운 행위, 주체적인 노동, 자율적인 놀이의 중요성을 헌법에 함께 담아야 할 날이 오지 않을까. 인간 각자가 자기 스스로에서 발현되는 새로운 것을 내놓는 창조성이 인간의 존엄성과 행복에 가까이 닿는 개념이 되지 않을까.

인간 문화는 노동만으로 형성되는가 아니면 놀이로도 만들어지는가. 우리 헌법의 '자유와 창의'는 지금껏 무엇을 위해 존재했고 앞으로 어떤 의미를 담아야 할까. 헌법에서 자유와 창의는 왜 경제적이고 기업적인 것에서만 국한해서 사용될까.[94] 창조는 문화와 예술에서만 필요한 헌법의 언어일까. 노동에서 자유와 창조는 아무런 의미가 없을까. 무료한 주말 오후, 빈둥빈둥 쇼파에 비스듬히 앉아 멍하니 천장을 올려보니 아둔한 질문들이 꼬리에 꼬리를 문다.

사회권적 기본권

법의 언어는 참 어렵다. 모르는 한자말이 난무한다. 헌법도 그렇다. 우리 헌법을 바로 쓴다는 것은 현학적인 용어를 알아듣기 쉬운 우리말로 바꾸는 것도 포함한다.

사회권적 기본권. 헌법에 있는 기본권 중에 사회권이라는 기본권을 가리키는 용어다. 예전 헌법학계에서는 사회권 중 인간다운 생활권이 우리 헌법에 권리라고 쓰여 있지만 실제 효력을 발휘하는 기본권이 아니라는 견해가 있었다. 국민이 주장할 수 있는 기본권이 아니라 국가가 달성해야 하는 목표일뿐이라는 주장도 존재했다. 기본권은 기본권인데 완전하지 못한 기본권이어서 국가에 대해 헌법재판에서 사회권 실현을 요구하기 어렵다는 견해가 주류라고 법대 수업에서 배울 정도였다. 호부호형을 못하는 홍길동처럼 기본권을 기본권이라 부르지 못해 '사회권적 기본권'이라는 기다란 단어가 탄생했다.

'권權'이 두 번이나 나온다. 중간에 대중화된 일본식 조사 '적的'은 발음할 때 입에 잘 붙지 않는다. 아무리 생각해봐도 '권' 자를 '적' 자의 앞뒤에 넣을 필요는 없다. 이 글에서는 사회권이다.

나는 소설가 김성동 선생의 역작 《국수》와 같이 외국어에 오염되지 않은 우리말과 글을 찾으려는 문학을 동경하고 이를 해내는 작가들을 존경해 마지않는다. 소설보다 시를 좋아하는

데 아름다운 우리말을 잘 살린 백석의 것도 즐겨 읽는다. 백석을 베끼고 싶다는 안도현 시인의 마음은 내 마음 같다.

이 책에서 영문'의' 번역투나 일본'적' 표현, 어려운 한자말로 된 법률용어를 가급적 줄이려 시도는 했다. 가능하면 문어투보다 입말을 살려보려 소리 내어 읽기도 했다. 아름다운 우리말의 문장 형식, 그러니까 주어가 생략된다든가, 다양한 동사 표현이 많다든가, 형용사의 개수나 변형 방법이 무궁무진하다는 점을 염두에 두었다. 어려운 개념이나 외래 단어를 썼다가도 지우고 다시 풀어쓰려고도 해봤다.

누군가에게는 티도 나지 않은 부족한 결과일 테고 어떤 이에게는 생소한 노력이다. 우리글에 대한 바른 지식도 없으면서 문학도 아닌 사회과학 개념에 기반한 교양서를 쓰는 데 아름다운 우리말을 살리려던 것은 (내 능력으로는) 불가능에 가까웠다. 결국 이 글에는 한자말 같은 외래어가 '도처'에 '포진'해 있다. 그래도 생각한 것 자체를 후회하지는 않는다.

구차하게 변명한 김에 한마디 더하자. 어느 학문이나 마찬가지겠지만 헌법을 비롯한 법학의 개념과 용어와 문장은 한자말과 일본식 표현, 미국과 독일 학문의 용어가 뒤섞여 있다. 세 나라의 법학에서 우리 법학은 지대한 영향을 받았고, 여전히 받고 있는 게 현실이다. 1950년대 우리 민법은 '의용민법'이라 해서 일본 민법을 계속 적용한 슬픈 과거도 있다.

'우리글 바로 쓰기'를 평생의 업으로 삼은 이오덕 선생은 역사가 바로 서고 민주주의가 실현되려면, 나라를 다스리는 기본 틀이 되는 헌법을 모든 국민이 잘 알고 생활해야 한다고 했다. 온통 한자말과 일본 말법으로 되어 있는 헌법을 한 문장씩 우리말과 우리글로 다시 써서 알기 쉽게 해놓았다.[95] '법률 말싸미 일상과 달아 서르 사맛띠 아니'하는 것이다. 법제처 같은 정부기관에서는 계속 '알기 쉬운 법령' 개정 작업을 한다.

물론 외래어도 소중한 우리 언어다. 우리말의 빈 공간을 메워주고 학문의 깊이를 더해주는 필수적인 역할을 한다. 하지만 번역된 외국어와 외래어가 생활 언어와 법학 개념을 잠식하는 수준이라면 일말의 반성도 필요하지 않을까. 법에서 한국인의 뇌와 입술에 익숙한 우리말을 살릴 수 있다면 해봐야 하지 않을까. 이상적이지만 그래도 우리말과 우리글을 헌법에서 살리려는 노력이 꺼지지는 않았으면 한다.

3부

같은 언어로 다름을 이해하기 위하여

5장. 평등이라는 늦봄

이소노미아

이소노미아Isonomia는 헤로도토스가 《역사》에서 언급한 이래로 오늘날 민주주의democracy나 평등의 의미로 쓰인다. 민주주의 원형을 만든 고대 그리스는 크레타, 이집트, 소아시아 같은 인근 문명과 주변 지역의 영향을 받았다. 소아시아에 있던 도시 이오니아의 정치체제가 이소노미아였다. 우리는 아테네인들이 자신들의 정치체제를 '데모크라시'라 불렀다고 알고 있지만, 당시 데모크라시는 비非아테네인들이 대중에 의한 지배를 조롱하는 말로도 썼다. 그래서 아테네 사람들은 데모크라시 대신 법적, 정치적 평등을 의미하는 '이소노미아'라는 말을 사용하기도 했다.[96]

이소노미아는 동등하다는 뜻의 '이소스isos'와 법, 권리를 뜻하는 '노모스nomos'를 합친 고대 그리스어다. '이소스'는 비율적인 동등함을 나타내는 수학적 언어였는데 권리의 평등성을 의미하는 정치적 언어의 뜻도 갖게 됐다. 라틴어 '아이콸리스aequālis'에서 온 영어 '이퀄equal'도 표면의 평평함을 뜻하는 과학의 언어에서 모든 사람의 신분이 동등하다는 정치적 평등을 뜻하는 사회적 언어로 나아가 근대 시민혁명의 언어가 됐다.[97] 이소노미아는 결국 근대 헌법에서 평등으로 꽃피웠다.

우리말 '평등'은 보살이 모든 중생을 두루 차별 없이 대하는 자세를 가리키는 불교 언어였다가 서양의 근대사상이 들어오자 정치사회적 언어로 차용됐다. 모든 국민은 법 앞에 평등하다(헌법 11조 1항)는 문구로 헌법에까지 쓰였다. 〈세계인권선언〉에서도 모든 인간이 그러함을 선포한다. 근대 이후 평등권은 자연히 존재하는 천부인권으로 여겨져 사람이 태어날 때부터 평등권을 갖는다고 전제한다. 국가가 만들어지기 전에도 모든 인간이 생래적으로 가지는 것이다.

이런 설명도 있다. 정치철학자 한나 아렌트는 고대 그리스에서 평등에 대한 인식이 근현대의 관념과 달랐다고 말한다. 그의 말에 따르면 아테네 사람들이 평등을 보장한 이유는 모든 인간이 평등하게 태어났기 때문이 아니라, 도리어 본래부터 불평등하게 태어났기 때문이었다. 그래서 당시에는 법제도에 관한 정치 영역에서 공동체를 구성하는 시민들을 공평하게 대하려 했다.[98] 모두가 평등하지 않았기 때문에 법 앞, 공적 영역에서만큼은 평등을 선언해야 한다는 것이다.

지금 현실은 어떨까. 태어날 때부터 모든 인간은 평등하다고 보는 근대적 평등 개념이든, 불평등을 인정하면서 공공 영역에서만 평등하다고 보는 아렌트의 주장이든, 오늘날 한국인은 자신들의 평등이 지켜진다고 보지 않는다. 헌법재판소의 2016년 설문조사에 따르면 우리나라 국민 10명 중 8명은 헌법 11조에 따른 법 앞의 평등을 보장받지 못한다고 생각한다.[99] 몇 년이 지난 지금 시민들의 생각이 더 나아지지는 않았을 것이다. 자궁에서 나오자마자 부모의 재력과 능력에 따라 운명이 달라지는 현실 앞에서 법 앞의 평등도 무너졌다고 인식하지 않을까. 그나마 법 앞이 아니면 평등을 기대할 곳이 없음에도 불구하고.

군이 헌법 11조에서 '법 앞에'를 붙인 것은 현실에서는 불평등하더라도 형평의 원칙에 따라 법에서만큼은 평등해야 한다는 선언은 아닐까. 그래서 아렌트는 고대 폴리스의 평등까지 고민한 걸까. 헌법상 법 앞의 평등은 처음부터 불평등한 현실을 어떻게 다루게 될까.

같음과 다름에 대한 법칙

헌법 11조는 모든 국민이 차별받지 않으며 평등하다는 것을 선언하는데, 그 표현이 특이하다. 모든 국민은 '평등할 권리가 있다'거나 '평등을 침해받지 않는다'고 쓰지 않고 '평등하다'고만 한다. 평등하다는 선언은 원칙이다. 입헌민주주의를 채택한 다른 국가처럼 우리도 평등 원칙은 객관적 헌법 원칙으로 작용한다. 원칙 말고 다른 얼굴도 있다. 헌법 11조는 평등 원칙이기도 하지만, 한편으로는 평등권이라는 개인의 기본권으로도 해석된다.

정확한 설명은 아닐 테지만 이해를 돕기 위해 숫자를 가져다 비유해보자. 통상의 기본권과 평등권을 비교하는 것이다. 대표적인 기본권인 신체의 자유라는 기본권의 보호 영역(그 기본권이 작동되는 영역이라는 이론적 개념이다)이 100만큼 있다고 하자. 신체의 자유가 100이라는 것은 신체의 자유가 100퍼센트 완벽히 보호되는 상태를 말한다. 그런데 어떠한 공권력 때문에 100이란 신체의 자유 중에서 30의 자유가 제한된다. 이때 30의 제한이 헌법에서 용인되는 합헌적인 제한인지, 아니면 헌법에서 허락될 수 없는 위헌적인 침해인지를 판가름하는 것이 헌법재판이다.

그러나 평등권은 100이라는 고유 영역 자체가 없다. 평등권을 30만 제한하는 것을 상정하기 어렵다. 평등 원칙을 준수했거나 위반했거나 둘 중 하나지, 중간 지대가 없다. 100 아니면 0이고 모 아니면 도다. 평등은 지켜지지 않으면 침해된 것이다. 이를 평등 원칙 위반 또는 평등권 침해라고 한다.[100]

보통의 기본권은 그 보호 영역이 침해되는 경우를 위헌으로 본다. 그런데 기본권으로서 본래 가지는 영역이 없다면, 어떻게 평등권이란 기본권이 침해되었는지 파악할 수 있을까. 평등권은 비교를 통해서 판단한다. 평등권 심사를 할 때는 평등권을 침해받았다고 주장하는 집단과 비교할 집단이 있어야 한다. 예를 들어 미국에서 흑인이 어떤 법률 때문에 차별을 받아 평등권을 침해받았는지는 백인에 대한 법적 처우와 비교해 봐야 알 수 있는 것이다.

이런 면에서 평등권은 신체의 자유와 같은 자유권, 노동 3권 등 사회권, 재판청구권으로 대표되는 절차권과 성격이 다르다. 예를 들어 검사가 청구한 구속영장을 적법 절차에 따라 법관이 발부하면 수사기관은 피의자를 구속할 수 있다. 합헌적으로 신체의 자유를 제한하는 것이다. 반면 국공립학교의 교사를 채용할 때 국공립학교 사범대학 출신을 우선적으로 채용하는 경우는 사립학교 사범대학 출신을 차별하는 것으로, 평등권을 침해한 상황이 된다.

평등권을 간단히 설명해봤지만 헌법의 언어 아니랄까봐 여전히 추상적이다. 대체 평등이란 무슨 뜻인가. 답하기 어렵다. 질문을 틀어보자. 평등은 어떻게 얻을 수 있는가. 사람들은 평등을 얻기 위한 방법을 크게 두 가지 관점에서 본다. '기회의 평등'과 '결과의 평등'이다. 사회과학의 언어이자 헌법학의 언어이기도 하다. ① 기회의 평등을 추구한다는 것은 소극적 평등, 즉 소극적으로 차별을 금지하는 것이다. 한편 ② 결과의 평등을 지향한다는 것은 적극적 평등, 즉 차별된 결과를 보정하기 위해 적극적으로 우대정책을 사용하는 것이다.

① 기회의 평등-소극적 평등-소극적 차별 금지

② 결과의 평등–적극적 평등–적극적 우대 조치(적극적 평등 정책)

한국 사회는 평등한가: 네 가지 입장

기회의 평등과 결과의 평등. 평등이란 무엇인지를 파악할 출발점으로 이 두 개념을 놓으면 쟁점이 나온다. 기회의 평등만이 평등을 얻을 수 있는 방법이고 결과의 평등은 필요 없다는 입장이 하나 있다. 기회의 평등만으로는 평등한 상황을 도출할 수 없고, 결과의 평등에 따른 정책이 반드시 요구된다는 의견도 있다. 평등을 얻는 수단으로 기회의 평등 정책만 인정할지 아니면 결과의 평등 정책도 인정할지가 중심이다.

더 극단적인 생각까지 고려해서 A, B, C, D 네 개의 다른 견해를 상정해보자. 그리고 서로 동의할 수 없더라도 각자 다른 주장이 있다는 것을 이해하고 인정하자. (물론 각자의 정보와 지식, 경험, 가치관, 인식이 달라 동일 시점의 한국 사회에 대한 전체적이고 정확하며 공통된 인식은 불가능한 것이지만) 현재 한국 사회의 시점을 2021년 1월 1일로 보아 예를 든다. A 입장은 맨 오른쪽에 둔다. 한국 사회 정도면 충분히 평등해서 기회의 평등을 추진하는 정책이나 결과의 불평등을 수정하는 정책을 펼 필요가 전혀 없다고 보는 태도가 A다.

D 견해는 A의 반대편인 왼쪽 끝에 서 있다. 지금 이 사회는

기회의 평등으로는 택도 없고, 결과의 평등을 임시적으로 추진하는 잠정적인 우대정책으로는 절대적인 평등을 이룰 수 없으니, 결과를 공평하게 하기 위해 전면적인 결과의 평등 정책을 써야 한다는 입장이다.

양극 지점에 A와 D를 놓고, 중간에 B와 C를 각각 두자. B는 기회의 평등, 즉 소극적 차별금지 정책만 제대로 집행되면 충분하고, 결과의 평등을 실현하는 정책은 쓸 필요가 없다는 견해다. 현재 한국 사회가 기회의 평등이 보장되지 않기 때문에 불평등하다고 본다. 공정한 출발선을 보장하는 정책을 펴서 기회가 공정하면 그것에 따른 결과는 공정할 것으로 추단한다. 기회가 공정했을 때, 승부를 통해 얻게 될 과실은 현실에서 공평하게 정해져 있으니 게임의 규칙에 따라 예측했던 결과를 그대로 가져가는 것은 (많은 과실을 가져가더라도) 공정하다는 것이다.

C 의견은 기회의 평등 정책도 사용해야 하지만 그것만으로는 현재 평등한 상태가 만들어질 수 없다고 전제한다. 한국 사회는 불평등이 심하기 때문에 잠정적으로 불평등이 상당히 완화될 때까지는 차별이 심한 일부 영역에서라도 한시적인 결과의 평등 정책, 즉 '잠정적 우대정책'을 써야 한다는 입장이다.

사람들의 주장은 저마다 일직선 중에서 A, B, C, D 중 어느 하나와 가까운 지점에 위치하고 저마다 다를 것이다. 네 가지 견해 중 지금 한국에는 어떤 입장이 필요할까?

노오력 도그마

이탈리아의 미디어 비평가 프랑코 베라르디는 고작 두 세대 전 기아를 경험한 최빈국이었던 한국이 극적으로 발전한 데는 무한 경쟁, 일상의 사막화, 생활리듬의 초가속화hyper-accelation, 극단적인 개인화라는 대가가 뒤따랐다고 평했다.[101] '경쟁'은 광복 이후 남한 사회의 '이데올로기'였다. 100여 년 전 갑오개혁으로 신분제가 무너졌다. 제국주의 식민 지배를 겪고 민주 공화정을 시작하자마자 전쟁이 터졌다. 대부분 사람들에게 남아난 재산은 없었다. 극소수 권력층과 상류층을 제외하고 절대 다수는 출발선도 엇비슷했다. 강제적이며 하향적인 평등이었다.[102] 준비도 없이 본격적인 산업화 시대에 들어서자 '힘없고 백 없는' 사람들에게는 치열한 생존 경쟁이 필요했다.

경쟁은 열심히만 하면 된다는 노력 '도그마'를 잉태했다. 다행히 경제가 발전하는 만큼 기회도 늘었다. 노력해서 보상받았다. 성장하는 국가에서는 경쟁의 규칙만 지키면 공정성과 상관없이 노력에 따라 어디에나 최소한의 과실이 보장됐다. 뭐든 열심히 하면 가족들 건사하고 입에 풀칠은 한다고 여겼기 때문에 빈곤은 노력하지 않은 데 따른 결과란 인식이 강화됐다. 반면 과실의 분배 절차를 공정하게 만드는 일은 등한시했다. 피라미드의 최상위를 점령한 극소수는 재화를 독과점하기 시작했고 세습했다.

노력하면 보상받는다는 신념은 작은 반도 남단의 사람들 전체를 지난 반세기 넘게 지배한 교리였다. 1990년대 이후 교육을 받고 자라난 세대까지도 노력하면 보상받는다는 신앙을 받아들였다. 이 세대는 IMF 외환위기 이후 본격적인 신자유주의 시대가 개막하자 노력이라는 도그마가 현실에서 제대로 작동하지 않는다는 것을 사회에 첫발을 내딛으며 몸소 깨달았다.

20세기의 노력은 21세기에 '노오력'이 됐다. 누군가가 힘차게 걷어찬 것인지, 아니면 몰래 하나씩 뺀 것인지 모르겠으나 계층 간 이동을 할 수 있는 사다리는 점점 사라져갔다. 한번 경쟁의 승자가 되면, 정당하든 부당하든 어떤 방법을 써서든 계속 그 자리를 유지한다. 경쟁에서 한번 패배한 다수의 평범한 사람들의 순위를 마지막까지 매긴다. 끝없이 이어지는 대학 순위를 공고히 하는 '학벌 사회'가 하향식 패자 순위결정전의 단면인 것은 이제 상식 아닌가. 두터워지던 중산층이 IMF 외환위기를 거치면서 무너졌다. 빈곤층이 늘어나고 양극화가 심화된 사회 구조가 반세기 만에 확고해지고 있다. 1 대 99 사회, 20 대 80 사회 현상이 중첩적으로 나타난다.

문제는 경쟁이나 노력 자체가 아니다. 분배 결과가 소수에 집중되고 노력만으로 그것을 성취하기 어려운, 신앙이 깨지는 현실 속에서도 여전히 견고한 도그마가 문제다. 어느 사회나 경쟁은 필요하고 자유주의 사회에서 공정한 경쟁은 장려된다. 다만 우리는 너무나 빠르게 변해버린 사회체제에서 맹목적인 신앙의 부작용을 외면한 채 이 신념을 부여잡아 나를 몰아치고 자녀들을 다그치며 타인을 재고 있다. 이제 남은 사다리마저 올라가기 어렵다. 특별한 배경이나 자본이 없는 보통 사람들이나 낮은 계층에 속한 사람들은 무자비한 무한 경쟁 속에서 '노오력'을 짜내도 승자가 되기 쉽지 않다. 자신이 보유한 재화와 노력을 모두 투입할 태세를 갖추고, 시합이 시작되는 순간부터 승패가 갈릴 때까지 본인과 가족이 동원 가능한 모든 유무형의 자원을 퍼부어 펼쳐지는 전면전 속에서.

끊임없는 경쟁이 지속되는 현실에서 '소확행'은 손에 잡히는 작은 위안이다. 얼마 되지 않는 자원을 아껴가며 비용이 많이 드는 인생 목표를 계속 포기하는 'N포 세대'의 전략은 지극히 '합리적인' 선택이 된다. 이것도 극단적 경쟁 의식을 자의로 타의로 내려놓은 사람들이나 선택하는 '효과적인' 삶의 방식이다. 경쟁과 노력의 도그마를 여전히 신봉하는 사람들은 현실과 목표의 간극에서 갈팡질팡할 수밖에 없다.

오디션 방송 프로그램의 종류는 이제 셀 수조차 없다. 노래, 힙합, 춤, 뮤지컬, 트로트 스타는 물론 변호사, 아나운서, 회사 인턴을 뽑을 때도 날것의 경쟁 순간을 찍어 화면에 송출한다. 우리는 콜로세움에서 관전하는 로마 시민으로 자연스레 모드를 전환한다. 공정하게 자기 실력대로 성공하는 평범한 이웃 같은 사람, 어려운 환경을 딛고 승리를 쟁취하는 소수자에게 환호한다. 이미 현실은 불공정이 뒤덮어서 방송 프로그램 속에서나 공정한 경쟁을 볼 수 있다는 서글픔이 깔려 있다.

공정 감수성

정유라 씨 이화여대 부정 입학 사건, 강원랜드나 KT, 금융감독
원 같은 공공기관 채용 비리 사건에 사람들은 분노했다. 공정
한 출발선을 지키지 않고 앞선 자리에서 부정 출발을 해 결과
를 독식했다는 것에 대한 공분이었다. 2018년 초 평창 동계올
림픽이 개최되기 직전 여성 하키 대표팀의 남북 단일 팀 논란
도 있었다. 남북화해라는 민족적, 정치적 고려 때문에 실력으
로 뽑힌 남한 선수들 몇 명이 경기에 나가지 못하는 결과가 발
생했다. 특히 청년 세대가 이를 두고 공정하지 않다고 비판했
다. 기회의 평등이 지켜지지 않았다고 지적한다. 게임의 규칙
이 지켜지지 않고 과정에 반칙이 개입한다는 합리적인 의심
이 들수록 공정 감수성은 커진다.

　앞의 A, B, C, D 입장 중 B의 견해에 서서 기회의 균등, 과
정의 공정만을 강조하는 가치관을 가진 사람들이 한국에는 다
수인 것처럼 보인다. 개인의 노력과 책임만을 강조하는 가치
관에서는 기회의 평등이면 충분하지, 불평등한 결과를 만드는
제도를 보정할 생각은 잘 못하게 된다. 심지어 이런 사람들은
불평등한 결과를 바꾸겠다는 결과의 평등 정책이 불공정하다
고 받아들이기도 한다.

　기회의 평등이 만병통치약이라는 생각이 다수를 형성하
는 사회에서 경쟁에 따른 능력주의는 토 달기 어려운 정당성

을 가진다. 그들이 제일 원하는 것은 수긍할 수 있는 '공정한 경쟁'과 그것을 위한 '기회의 평등'이다. 현재 경쟁 결과에 따라 성과가 공정하게 배분되는지 앞으로 어떻게 분배할지는 잘 고려되지 않는다. 기회의 균등에 대한 신봉은 '공정한 대입'이라는 신화를 위해 복무한다. 12년 동안 갈고닦은 것을 한 번의 경쟁으로 판가름하는 학생들의 걸음을 방해하지 않으려 수능 시험일이면 전 국민이 출근을 늦추고 비행기가 날지 않는다.

노오력 도그마와 공정 경쟁 신화는 이 민주공화국의 헌법 규정 밑에서 상수도처럼 흘러다닌 지 오래됐다. 자본주의 고도화로 사회경제적 불평등이 심화됐다. '기회의 평등'은 현실에서 발붙이기 점점 어려워졌다. 상류층과 빈곤층의 자녀에게 각자 공립학교를 다닐 기회만 공정하게 만들어주면서 경쟁한다고 해보자. 학교가 끝나고 온갖 사교육이 가능한 가정과 부모가 신경을 쓸 수 없는 가정에서 공정한 경쟁이 가능한가? 자본과 능력의 격차가 벌어진 만큼 기회의 평등은 이루어지기 어렵다. 그럼에도 불구하고 시험을 통해 한 줄로 세우는 경쟁만이 공평하다는 착시 현상 속에서 아무런 조치 없이도 공정 경쟁이 가능하다는, 이 문화유전자 같은 확고한 관념은 쉽게 '개정'되지 않는다.

문제는 예민할 대로 예민해져버린 공정 감수성의 불똥이 엉뚱하게 튄다는 것이다. 이미 경쟁에서 탈락해 있는 사회적 약자들에게까지 노력하라는 잣대를 들이댄다. 경쟁과 평등은 뒤죽박죽되어 소수자를 위한 평등이 아니라 소수자에 대한 배려 없음으로 나타난다. 경쟁 의식은 소수의 승자에게 부를 축적시켰는지는 몰라도, 내가 언젠가는 승자가 될 수 있다는 환상을 유지시키는지는 몰라도, 경쟁에서 뒤떨어진 사람들을 배제해버리고 말았다.

나아가 잠정적 우대정책 자체를 공격하는 것으로도 이어진다. 예를 들어, 대학 수시제도 중 지역균형선발제도는 서울과 지방 사이의 교육 격차를 해소하기 위해 도입된 적극적 우대정책이다. 이 제도를 '지균'으로 부르며, 적극적 평등실현 정책을 혐오하고 차별하는 것이다. 패자부활전 제도나 잠정적 우대정책 자체를 비난한다.

―――――

참을 수 없는 잠정적 우대정책

미국에서 잠정적 우대정책Affirmative Action(적극적 평등실현조치 Positive Action라고도 한다)을 처음 언급한 대통령은 존 F. 케네디였다. 그는 1961년 연방정부가 공공계약을 발주할 때 인종, 출신, 종교에 따라 수급인을 차별하지 못하도록 적극적 평등실현조치를 하라는 행정명령을 발령했다.[103]

1963년 11월 22일 금요일 그가 갑작스레 암살됐다. 유해를 싣고 워싱턴 D. C.로 돌아오던 에어포스원에서 부통령 린든 B. 존슨은 케네디가 읽던 가톨릭 성경에 손을 얹고 미국의 36대 대통령 취임 선서를 했다. 대통령이 된 존슨은 베트남전쟁에서는 실패했지만, 미국을 '위대한 사회'로 만들겠다는 진보적인 목표 아래 케네디가 실현하려던 정책을 계승했다.

가난에 대한 전쟁을 선포하면서 경제기회균등법Economic Opportunity Act을 제정해 헤드스타트 사업Project Head Start 등을 통해 저소득층 아동 교육을 지원하고, 사회보장법Social Security Act을 강화해 저소득층 의료복지제도Medicaid를 확충했으며, 빈민 지역 자원봉사활동VISTA도 펼쳤다. 의료보험제도Medicare, 예술기금National Endowment for the Art과 인문기금National Endowment for Humanities을 만들고, 1964년 6월 19일 공민법Civil Rights Act을 상원에서 통과시키는 등 굵직한 복지, 문화 정책과 인권 정책을 추진해나갔다.[104]

이러한 연장선에서 존슨은 1965년 하워드 대학교 졸업식 연설에서 '권리들을 실현하기 위하여'라는 주제로 케네디가 언급했던 잠정적 우대정책을 선보였다.

자유만으로 안 됩니다. '어디든지 원하는 곳으로 갈 수 있고, 하고 싶은 것을 할 수 있으며, 마음에 드는 사람을 대표로 뽑을 수 있다'고 해서 수백년된 상처가 없어지는 것이 아닙니다. 오랫동안 쇠사슬에 묶여 억압됐던 사람을 풀어주고 경쟁의 출발선에 놓은 다음 '이제 다른 사람과 자유롭게 경쟁할 수 있다'면서 방치하는 것을 제대로 된 공정이라고 할 수는 없습니다.[105]

잠정적 우대정책은 '원래 차별이 없었다면'이라고 가정한다. 차별만 아니었다면 여성, 장애인, 소수인종 모두 자신의 능력만큼 대우받아 평등 원칙이 지켜지고 평등권이 충족될 것이다. 잠정적 우대정책은 그러지 못한 현실을 보정하려는 시도다. 미국에서 인종차별의 관행을 철폐하기 위해 시행되어온 소수인종 집단에 대한 우대정책 등이 대표적인 예이다.

불평등한 결과를 일부라도 보완하기 위해 우대정책을 한시적으로 펼치는 것이다. 평등이 어느 정도 실현될 때까지만 적용되고 나서 폐기될 정책이라는 의미에서 '잠정적'이다. 잠정적 우대정책은 불완전하지만 승자들의 독식을 조금이라도 완화해보려는 정책이다. 긍정적인 차별로 결과의 평등을 추구하는 것, 합법화된 잠정적인 우대(차별)다.

평등이라는 늦봄

차별은 차별받는 집단 구성원 중 누구에게나 발생할 수 있지만, 개별 사건에서 실제 발생할 때는 주로 특정 개인에게 생긴다. 당사자 개인에게 차별로 인한 손해를 배상하는 등의 방법으로 그 사건을 해결하고 일단락 지을 수 있다. 그러나 집단에 대한 차별은 여기서 매듭지어지지 않는다. 차별이 집단에서 발생할 수 있다는 가능성은 지속되기 때문에 그 집단의 누군가는 다시금 유사한 차별 상황에 놓일 수 있다.

여성, 장애인 같은 소수자나 사회적 약자에 대한 차별은 역사적으로 긴 기간 동안 그 집단 내 개인들에게 '무차별적'으로 발생해왔고 발생할 수 있다. 그러니 해당 집단 전체의 문제로 확산되고 그 집단이 속한 사회 전체의 갈등요소가 된다. 집단에 대한 차별이 오래 존재했다면 그건 단지 문화로만 남지 않는다. 차별을 유발하거나 막지 못하는 법제도가 상존해서, 이러한 차별 유발 제도를 솎아내고 바꾸게 된다.

그런데 차별적인 정책을 교정하는 것만으로는 해결되지 않는다. 더 나아가 잠정적으로 혜택을 부여해서 실질적으로 차별이 없이 다른 일반적인 집단들과 평등한 수준까지 끌어올리려 하는 잠정적 우대정책 같은 수단을 사용하는 것이다. 물론 적극적 평등실현조치를 통해 실제 우대를 받는 사람들은 차별받는 집단 구성원 중 '일부'에 불과하다.

잠정적 우대정책은 앞에서 본 C 견해에 따른 대표적인 정책으로, 결과적 불평등을 일부라도 보정하자는 입장이다. 이러한 적극적 평등실현조치는 헌법재판소에 따르면 "일정한 혜택을 통하여 종래 차별을 받아온 소수 집단에게 사회의 각 영역에서 보다 많은 참여의 기회를 부여하려는 제반 조치"를 의미한다.[106] 미국의 소수인종 집단이나 여성에 대한 우대정책 등이 대표적이다. 우리나라에서는 대학의 지역균형선발제, 여성 고용할당제, 장애인 고용할당제 같은 정책이 해당한다.

적극적 평등실현조치는 과거부터 가해진 차별의 결과로 현재 불리한 처지에 있는 집단을 다른 집단과 동등한 수준까지 끌어올려 실질적 평등을 달성하려 한다는 점에서 그 정당성의 근거를 찾을 수 있다. 즉, 역사적으로 소외된 일정한 집단의 불평등한 상황을 바로잡거나 완화할 수 있도록 공권력이 그 집단을 특별취급하는 것은 헌법적으로 금지되는 것이 아니며, 차별취급에 해당하지 않는다.[107]

헌재도 여성 고용할당제와 장애인 고용할당제의 경우, 특별한 보호가 필요한 장애인이나 여성과 같은 사회적 약자들은 역사적으로 차별을 받아왔기 때문에 과거 차별로 인한 불이익을 시정하고 이를 보상해주기 위해 적극적 평등실현조치가 필요하다고 판시했다.[108] 그런데 적극적 평등실현조치의 혜택을 받는 집단에 속하지 않는 사람들은 이로 인해 상대적 불이익을 받게 되므로, 실질적 평등을 실현하기 위한 조치가 오히려 평등 원칙에 위배되는 차별('역차별')에 해당하는 경우도 있다고 지적하기도 한다.[109]

잠정적 우대정책이 비판받는 점이 하나 더 있다. 차별 문제를 풀기가 어려운 건 차별 대상이 집단이기 때문이다. 전체적, 결과적, 실질적 평등을 위한다는 목표로 일부만 수혜집단이 되는데, 차별받는 집단 속에서 '차별을 받았던 과거의 구체적인 개인'과 '실제 혜택을 받는 현재의 개인'이 일치하지 않는다는 점이 논란을 야기한다. 차별 가능성은 집단적이지만 피해는 개인적이고 우대도 개인적이다. 피해를 받은 개인과 우대를 받는 개인이 일치하지 않고, 집단 구성원 모두 실질적인 우대를 받는 것이 아니라는 점이다.

그러나 이러한 비판은 차별받았던 집단의 개별 구성원 모두가 우대를 받아야만 이 정책이 정당화된다는 관점에서 출발한다. 지나치게 이상적인 비판이라 할 수 있다. 적극적 평등실현조치가 국회를 통해 시행되고 난 다음에는 모든 사회구성원이 그러한 '게임의 규칙'을 예상하고 생활하게 되고, 이 정책을 통한 기회는 차별받는 집단 안에서나 일반적인 전체 집단 안에서 각각 동등하게 주어진다는 점도 고려된다면 이 정책이 비합리적이라고만 하기는 어렵다.

경험과 지식은 직관의 배경이다. 사람들은 각자 나름의 시선으로 세상이 그간 돌아가는 사정을 보며 지식과 경험을 축적해왔다. 살면서 쌓인 자료가 직관적인 공정성 판단의 기초가 된다. 그런데 지식과 경험은 자신의 견해와 계속해서 영향을 주고받는다. 내가 지금까지 형성한 의견에 따르면 기회의 평등만 강조하는 B의 견해에 따르는 것만으로 불평등한 현실이 교정될 수 있는지 의문이다. 기회의 평등 자체를 만드는 게 어렵다. 재벌가 3세와 내가 기회의 평등을 이루기는 불가능하지 않은가. 결과를 보정하는 다른 적극적인 수단 없이 오로지 기회의 평등을 실현하기 위한 노력만으로는 역부족이라 생각한다. 잠정적 우대정책으로 불평등의 결과가 일부라도 보정되고 심각한 차별에 대한 시정효과가 생긴다면 포기하기 어려운 정책인 것이다.

C의 입장에 있다고 해서, 기회의 평등을 위한 노력을 그만두자는 게 아니다. 결과의 평등에도 눈을 돌려 경쟁에 좀 뒤처

지는 사람에게도 그 과실을 줄 것인지, 나아가 경쟁 결과에 따른 분배가 타당한지 자체를 고민할 때라는 것이다. 시작하는 기회는 평등하더라도 경쟁 과정에서 투입되는 사회경제적 자원이나 권력이 달라 결과는 왜곡되기 십상이다. 심지어 자본주의가 잘못 작동하면 투입되는 돈과 힘 자체가 실력이라고 간주되기도 한다.

성별, 종교, 신분

헌법은 특별히 차별을 금지하고 평등을 지켜야 하는 영역과 집단을 설정해서 평등하도록 신경을 써야 하는 영역을 마련해 놓았다. 유독 평등할 것을 요구하는 '특별 평등 조항'들이 곳곳에 흩어져 있다. 32조 4항과 5항은 여성과 연소자에 대한 특별한 평등을 규정하고 39조 2항에서는 병역 이행자에 대한 특별한 평등을 요구한다.

> **헌법 제11조** ①모든 국민은 법 앞에 평등하다. 누구든지 성별·종교 또는 사회적 신분에 의하여 정치적·경제적·사회적·문화적 생활의 모든 영역에 있어서 차별을 받지 아니한다.

헌법 11조 1항은 모든 국민은 법 앞에 평등하다고 선언한다. '일반적 평등 조항'이라 한다. 여기서 성별, 종교, 사회적 신분은 특별히 예시된 '차별금지 사유'가 된다. 우리 헌법에 대표적으로 평등권이 침해될 수 있는 집단으로 규정한 것이다.

여성 문제에 대해 각자 나름의 의견이 있을 수는 있지만, 헌법재판소는 우리 사회에서 여성 집단은 역사적으로 차별받아온 집단임을 확인했다.[110] 또한 다른 종교에 대해 배타적 혐오를 실행하는 사람들이 있다 해도 헌법은 종교를 이유로 타인을 박해하거나 차별해서는 안 된다고 특별히 명시했다.

한편 '사회적 신분'이란 범위가 넓은 개념이다. 그래서 모든 사회적 신분의 차별을 금지해야 한다고 하기는 어렵다. 헌법에 함께 나열된 성별이나 종교와 같은 사유에 버금갈 정도여야 한다고 제한한다. 그동안 우리 사회 안에서 가해진 차별이 역사적으로 증명된 경우에만 사회적 신분에 따른 차별이라고 해석한다.[111] 차별의 집단성은 차별이 한순간에 형성되지 않았다는 역사성과 맞물린다. 어떤 소수자 집단이 과거부터 차별을 받아왔고 지금도 차별 상황에 처해 있는지 그러한 역사적 맥락을 고려해서 헌법에서 금지하는 차별인지를 판별하는 관점이다.

가령 장애인의무고용제의 위헌성 여부에 대한 헌재의 판단을 보자. 헌재는 여성할당제도(남녀고용평등과 일·가정 양립지원에 관한 법률)와 같이 장애인의무고용제도를 과거의 차별로 인한 불이익을 시정하고 이를 보상해주기 위한 적극적 평등실현조치로 판단했다.[112] 헌법의 차별금지 사유에 장애인은 빠져 있지만, 장애인도 우리 사회의 소수 집단이고 역사적으로 차별을 받은 집단이며 우리 사회의 장애인에 대한 편견도 입증된다. 또한 장애에 대한 차별은 그 개인의 인격과도 직결되어 특별한 평등을 요구할 필요가 있다. 우리 사회의 최초 차별금지법은 성별, 종교, 성적 지향도 아닌 장애에 대한 차별금지법인 점에도 주목할 필요가 있다. 따라서 장애도 성별과 같은 특별한 차별금지 사유로 볼 수 있다. 그렇다면 특별히 차별이 금지되는 만큼 평등이 실현되고 보장될 필요가 있다. 장애인의 경우 역사적 차별로 인한 결과의 평등을 지향하기 위해 적극적 평등실현조치가 도입될 수 있고, 위헌적인 역차별이라고 볼 수는 없다.

아프니까 청춘 고용할당제

헌법에 열거되지 않았지만, 차별받는 집단인지 문제되는 대표적인 예가 청년 집단이다. 2014년 여름, 헌법재판소는 청년고용할당제에 대해 결정했다. 일정한 규모 이상이 되는 공공기관, 공기업에 매년 정원의 100분의 3 이상씩 34세 이하의 청년 미취업자를 채용하도록 한 청년고용촉진 특별법령 조항이 35세 이상 미취업자들의 평등권, 직업선택의 자유를 침해하는지가 재판의 쟁점이었다.[113]

9명의 재판관들은 합헌의견 4명, 위헌의견 5명으로 견해가 갈렸다. 위헌에 찬성한 재판관이 과반수였지만 위헌결정을 할 수 없었다. 법률의 위헌, 탄핵 인용, 정당해산이 되려면 재판관 9명 중 6명이 찬성해야 하기 때문이다(헌법재판소법 23조 2항 1호). 헌법재판소의 공식 결론인 법정의견으로는 합헌이 채택됐다. 위헌의견은 반대의견으로만 결정문에 남았다.

위헌의견은 "청년고용할당제는 장애인고용할당제도나 여성할당제도와 같이 역사적으로 차별을 받아 왔기 때문에 특별한 보호가 필요한 장애인이나 여성과 같은 사회적 약자들에게 과거의 차별로 인한 불이익을 시정하고 보상해 주기 위한 적극적 평등실현조치가 아니다"라고 전제했다.[114] 혜택을 받는 집단에 속하지 않는 사람들은 상대적 불이익을 받게 된다. 실질적 평등을 실현하기 위한 조치가 오히려 평등 원칙에 위배되는 차별(이른바 '역차별')에 해당하는 경우도 있는데, 청년고용할당제가 그렇다는 것이다. 따라서 적극적 우대정책은 여성이나 장애인에게 해당할 수는 있어도 청년은 아니며, 청년 채용을 강제적으로 할당하는 것은 역차별 정책으로 위헌이라는 설명이다.

반대의견 중에서 주목할 대목이 있다. 청년은 차별받는 집단이 아니라는 결론에 대한 논리의 전제 부분이 흥미롭다. 청년은 장애인과 여성처럼 노동시장에서 차별받아온 역사가 형성되지 않았고, 인간이 삶의 과정에서 누구나 거쳐야 하는 과정이며 상대적으로 고용주들이 더 선호하는 연령층이라고 반대의견은 덧붙인다.

15세 이상 34세 이하의 연령층은 독립된 개체로서 새롭게 인생을 시작하는 단계에 있는 사람들이라는 점에서 사회의 관심과 배려, 지원이 필요한 시기이기는 하나, 우리들 각자가 삶을 살아가는 과정에서 반드시 거쳐야 하는 인생의 한 단계이지, 역사적으로나 사회적으로 의도적으로 불평등한 취급을 받거나 차별을 받아온 고립되고 단절된 소수집단이 아니다. 오히려 다른 연령층에 비하여 고용주들이 더 선호하여 온 연령층이다. 청년실업을 완화하기 위해 일정한 범위 내에서 사회정책적으로 지원하는 것은 가능할 것이나, 합리적 이유없이 이들에게 특혜를 주고 결과적으로 다른 연령층을 차별하는 것은 결코 헌법적으로 정당화될 수 없다.[115]

맞다. 경영자들은 비록 숙련도가 떨어지더라도 열정이 넘치고 새로운 지식과 능력으로 무장하고 있으며 반대급부도 많이 지불하지 않아도 되는 청년들을 그 이상의 연령층보다 상대적으로 선호할 가능성이 있다. 역사적으로 지금의 청년 세대가 다른 세대의 청년 시절에 비해 뚜렷하게 더 차별을 받고 있다고 단정할 수도 없다. 역사적으로 차별받아온 집단인지를 판단할 때 헌법에 차별금지 사유로 명시되지 않은 청년 집단이 그간 계속 차별만을 받아왔다고 확언하기 어렵다.

단정과 단절

그러나 이 사건의 대상 법률은 사기업 고용주에게 청년할당제를 부과하는 제도가 아니다. 사적 영역이 아닌 공공기관에서만 청년할당을 3년간 한시적으로 3퍼센트 둔 것이다. 공공기관의 경우 경제난과 연공서열, 어려운 해고 조건 때문에 해가 갈수록 청년들이 진입할 수 있는 자리는 매우 적은 상황이다.

반면 이 사건에서 법정의견으로 정해진 4명의 합헌의견에서는 청년 집단이 차별받는 소수 집단이라서 적극적 우대조치가 필요하다, 필요하지 않다를 따지지 않았다. 이 견해는 이론적 쟁점을 건너뛰고 바로 정책 현실을 직시했다. 사적 부문이 아닌 공공 부문에서나마 2014년부터 3년 동안 한시적으로 청년할당제를 의무로 규정해서 시행하는 점, 일정 규모 이상의 공공기관에만 제한적으로 적용하고 전문적인 자격이 필요한 직무의 경우는 제외하는 등 폭넓은 예외를 허용해서 35세 이상 구직자들에 대한 불이익을 대폭 완화하고 있다는 점에 주목했다.[116]

청년고용할당제에 대한 권고 규정을 두고, 청년 공공근로 사업을 펼쳤으며, 재정적인 지원수단을 강구하는 한편 취업실태의 조사·공표를 해서 청년고용을 유도하는 등 다각적인 청년 취업 대책을 펼쳤다. 그래도 청년실업률은 증가 추세여서 국회는 청년고용할당제를 의무로 만들었다. 이러한 사정을 법정의견은 수용했다.

참고로 2017년 청년고용할당제에 따른 의무를 준수한 공공기관은 전체의 79.4퍼센트에 불과했다. 이 헌재 결정 이후 국회는 고용노동부 장관이 청년고용의무 미이행 기관의 현황 및 경영평가 반영 같은 사항을 국회에 제출하도록 해서 감독을 강화했다. 청년고용할당제 유효기간을 2021년 12월 31일까지 연장하도록 하는 개정법을 2019년이 되기 직전에 국회 본회의에서 통과시켰다.[117]

21세기 한국 사회에서 청년은 적극적 우대정책이 필요한 소수자 집단인가를 물을 때 답변은 다양할 수 있다. 어느 세대나 마찬가지겠지만 청년 세대를 공통점을 가지는 한 집단으로 묶는 것도 불가능하다. 부모의 능력 크기나 재능의 발현 여부, 교육 배경과 사회 환경에 따라 저마다 다른 상황에 놓인 청년들이 존재한다.

동북아시아의 이 자본주의 선진국 사회에서는 계층 이동의 사다리가 사라지고 있으며 복지제도는 완비되지 않았다. 중산층 아래에 속한 청년들은 취업과 창업, 결혼과 주거와 같이 스스로 해결하기 버거운 문제에 직면해 하루하루를 산다. 이미 한국에서 청년 세대는 자기 세대의 중위소득만 모아서는 서울에서 괜찮은 주거를 구할 수 없다. IMF 외환위기 이후 노동시장에 진입한 청년 세대는 이전 세대보다 소득이 적을 가능성이 제기되어 '부모보다 가난한' 최초 세대가 될 수 있다.[118]

그러기에 더더욱 이러한 청년 현실에 대한 정책적 고려 없이 청년은 '불평등한 취급을 받아 단절된 집단이 아니다' '젊을 때 고생은 살아가는 과정에서 반드시 겪는 인생의 단계다' '청년은 고용시장에서 선호되는 연령층이다' '이들에게 특혜를 주고 다른 연령층을 차별하는 것은 결코 정당화될 수 없다'는 취지로 헌법기관의 최고 결정자들이 단호하게 말해서는 안 된다. 다른 경험에 대한 단정은 소통의 단절을 낳는다.

권력과 재화를 가진 기성 세대가 청년 세대에게 실제 권력과 재화를 양보한 만큼만 서로 소통할 수 있고 앞선 세대는 뒤따르는 세대에게 내어준 만큼 존경받을 것이다. '아프니까 청춘이다'라는 말로 넘어갈 수 있겠는가.

일부 기성 세대가 청년 세대에 대해 가지는 공고한 고정관념이 과반수 헌법재판관의 서명 위에 남아 있다. 빈틈없이 완고하고 근엄한 기성의 가치관을 동시대를 살아가는 후세대에 드러내 보이는 것이 복잡한 청년들의 당면 문제를 풀어나가는 데 무슨 도움이 될 수 있을까. 결정문을 읽으면서 착잡하고 어수선한 마음만 든다. 이 정도 고용할당제만으로 청년실업 문제를 해결하는 건 어림도 없다. 저출생으로 청년인구가 감소하면 자연스레 해결될 테니 이대로만 할 것인가? 아프니까 처방을 내야 한다. 답을 찾아야 한다. 늘 그랬듯이.

6장. 별난 마음과 바른 마음

문학적인 양심

헌법재판소는 양심의 자유에서 '양심'이란 "어떤 일의 옳고 그름을 판단함에 있어서 그렇게 행동하지 않고는 자신의 인격적 존재가치가 파멸되고 말 것이라는 강력하고 진지한 마음의 소리로서 절박하고 구체적인 양심을 말한다"고 정의한다.[119] 우리 헌법학계나 다른 나라 법원의 태도도 헌재의 견해와 비슷하다. 유시춘 작가는 헌법재판소가 말하는 양심의 개념이 매우 문학적이라고 표현하기도 했다.[120]

진지하다. 그렇게 행동하지 않고는 자신의 존재가 파멸될 것이라는 절대절명의 내면이다. 이 내면의 것은 어떤 사람들에게 받아들여지지 않는 경우가 부지기수다. 병역거부를 보자. 우리 같은 징병제 국가에서 군대를 가야 하는 보통 남성들은 병역 이행을 거부하지 않는다. 국가가 강제하기 때문이다.

다들 가니까, 처벌이 두려워서, 애국심이 앞서서 가기도 한다. 거부하거나 기피하지 않고 받아들인다.

병역을 거부하는 사람들에게도 여러 이유가 있다. 자기가 믿는 종교 교리에서 살생을 금하기 때문이기도 하고, 총을 들고 사람을 죽이는 일을 할 수 없다는 평화주의적 신념을 가졌기 때문이기도 하다. 군대를 다녀온 평범한 남성들 주변에 병역거부를 하는 친구가 있다고 하자. 친구라도 쉽게 이해할 수 있겠는가. 군대에서 고생한 사람들 대부분이 가고 싶다는 마음으로만 다녀온 게 아니니 억울하지 않겠는가.

어떤 소수자의 '유별난 마음'은 다수의 '바른 마음(다수가 바람직하다고 여기는 마음이라는 표현일 뿐이다)'과는 부합하지 않는다. 많은 사람들은 자신의 자유를 제약당하기도 싫고 살상 무기나 전쟁이 무섭기도 하지만, 공동체를 유지하기 위해서, 또는 자신의 가족을 지키기 위해서 총을 들고 군사훈련을 받고 군대에 입소한다. 구성원 모두가 병역을 거부하면 국가가 유지될 수 없으니 병역을 이행하는 것이 도덕적으로도 바람직하고 '양심적으로도' 떳떳하다고 생각한다.

반면 '올바른 다수자'들이 형성하는 사회에서 자신의 신념과 종교에 따라 총을 들지 않고 군대에 가지 않겠다고 다짐한 이들은 배척받는다. 사회의 손가락질과 비난을 넘어서 병역법 위반죄로 형사처벌을 받았다. 양심적 병역거부를 처벌하는 것이 위헌적이라는 2018년 헌재 결정이 있기 전까지 양심적 병역거부자들은 현역들의 복무 기간에 상응하는 만큼 징역을 살았다.

　마음을 달리 먹고 군대에 가서 총을 들면 '사회적 문제자'로 낙인찍히지 않고 평범한 삶을 살 수 있었다. 그러나 그들은 존재의 울림을 외면하지 못했다. 징역형이라는 몰락을 택했다. 문학평론가 신형철은 문학이 몰락하는 것이며, 문학은 몰락하는 이들의 것이라 명명한다.[121] 헌법상 양심의 뜻이 문학적이라 그런지, 처벌이라는 좁은 길을 알면서 내면의 에티카를 지키기 위해 자신의 육신을 감옥에 가두게 두었던 그들의 젊은 날도 한 편의 소설 같았다.

'별난 마음'과 '바른 마음'의 대화

양심적 병역거부를 접할 때 많이 나오는 반응은 '병역을 이행한 나는 비양심적인 사람이냐'는 것이다. 고대 로마시대부터 존재했던 양심적 병역거부자는 '컨시언셔스 오브젝터 conscientious objector'를 번역한 용어다. 옥스퍼드 사전에서도 '컨시언스conscience'를 "자신의 행동을 위한 지침으로서 옳고 그름에 대한 도덕적 감각"이라 한다.

　국어에서 양심은 "사물의 가치를 변별하고 자기의 행위에 대하여 옳고 그름과 선과 악의 판단을 내리는 도덕적 의식"을 말한다. 영어든 국어든 양심은 자기 행동에 대한 선악의 도덕적 판단 기준을 뜻한다. 즉, 각자의 양심은 자신 스스로의 개별적 판단이어서 다수가 볼 때는 때로 유별난 것으로 보일 수도 있다.

그런데 우리는 평소 양심이라는 단어를 사용할 때 다른 의미로도 사용한다. '정상적인' 양심을 전제하고서 누군가가 '상식적인' 행동이나 생각을 보이지 않을 때 "너 그러고도 양심이 있냐" "양심적이지 않다"는 말을 한다.

문제는 양심적 병역거부자의 신념에 따른 행동은 우리 헌법상 '양심의 자유'의 보호 영역 안에서 보장되어야 한다는 주장에 대해서도 같은 반응을 일으킨다는 점이다. 헌법상 양심의 자유에서 양심은 각자의 신념을 보호한다는 것과 비슷하다. 개개인들이 자신만의 도덕, 신념, 가치관을 서로 인정하고 다수의 판단과 다른 행동을 할 수 있는 것으로 인정하는 문제일 뿐이다. 그런데 여기다 대고 "군대 갔다온 나는 비양심적이냐"는 동문서답을 한다.

사회적으로 양심적 병역거부를 인정한다고 해서 모두 양심적 병역거부를 해야 '양심적'인 것이겠는가. 양심이나 종교, 신념을 이유로 병역거부를 해야 한다는 소수의 마음이 병역을 이행해서 국가를 지켜야 공동체가 유지된다는 마음을 제치고 당장 다수의 생각이 될 수 있는 것도 물론 아니다.

그러니 다수 사람들은 (양심적 병역거부자들이 뭐라 생각하든) 여전히 자신의 양심에 따라 병역 이행을 하고, 소수 사람들 또한 (다수자들이 형성한 상식을 뒤로 하고) 자기 양심에 따라 병역거부를 하는 것이다. 다수자의 떳떳한 병역의무 이행은 양심적 병역거부의 인정 여부와 상관없이 훌륭하며 '양심적'이다. 그냥 둘 다 '양심적'인 것이다. 우리의 평소 언어습관과 헷갈리지 않기 위해 표현하면 '양심적 병역거부'보다 '자신의 신념에 따른 병역거부', '자기만의 양심의 자유를 행사한 병역거부'가 더 정확할 것이다.

소수의 양심과 다수의 양심은 양립할 수 있다. '올바른' 다수자들이 '유별난' 소수자들의 양심과 생각을 공존할 수 있는 것으로 받아들여주기만 한다면 말이다(물론 받아들이지 않아도 이미 둘 다 존재한다). 그들을 환대하고 그들에게 자리를 내어주면 된다. 하지만 이 특이한 마음은 사회에 수용되기가 쉽지 않다. 소수자의 목소리는 보호받기가 쉽지 않아서 결국 최후의 보루, 헌법재판으로 넘어가 세 번 만에 해결됐다.

많은 세월이 흘러 전 세계가 민족국가의 국경을 넘어서 하나의 사피엔스로서 인식이 재편된다면, 모든 인류가 서로 전쟁을 하지 않아 국가 간에 군대를 둘 필요가 없고 총을 잡을 이유가 없어진다면, 어떤 양심이 '사회적으로 바르다'고 여겨질까. 다수는 무엇을 추구할까. 그때가 만약 온다면, 그때 산다면 행복했을 이상적인 신념을 가진 평화주의자들이 지금 우리 곁에서 고통받는 것은 아닐까.

헌법에서 일어나는 충돌

헌법의 각종 권리, 원칙, 이익, 가치들은 저마다의 궤적과 방향으로 제각각 기능한다. 그런데 각자의 방향대로 흐르다가 기본권과 기본권이, 기본권과 의무가, 개인의 권리와 공익적 가치가 서로 충돌한다. 헌법에서도 기본권과 기본권, 기본권과 의무, 기본권과 공익이 현실 속에서 서로 움직이다가 맞물려 충돌하는 경우가 종종 발생한다.

양심적 병역거부가 그렇다. 양심의 자유와 국방의 의무가 마주 부딪쳤다. 양심의 자유는 소수자의 사익이라 볼 수 있고, 국방의 의무는 공동체의 이익이라 할 수 있다. 이 공익은 모두가 총을 들어야 적으로부터 나라를 지킬 수 있다는 현실적인 애국심에서 발현한다. 양심의 자유는 종교 또는 신념의 이유에서 자신의 양심상 도저히 총을 잡고 사람을 죽이는 훈련을 할 수 없다는 이상적인 양심을 지키기 위해 존재한다. 헌법재판소는 헌법에서 일어나는 충돌을 해결하는 곳이다. 어떻게 했을까?

헌법 제39조 ① 모든 국민은 법률이 정하는 바에 의하여 국방의 의무를 진다.

구 병역법[122] **제3조** (병역의무) ① 대한민국 국민인 남자는 헌법과 이 법이 정하는 바에 따라 병역의무를 성실히 수행하여야 한다. 여자는 지원에 의하여 현역에 한하여 복무할 수 있다.

제88조(입영의 기피) ① 현역입영 또는 소집통지서를 받은 사람이 정당한 사유없이 입영 또는 소집기일부터 다음 각 호(1. 현역입영은 5일)의 기간이 경과하여도 입영하지 아니하거나 소집에 불응한 때에는 3년 이하의 징역에 처한다. 〔후략〕

헌법은 39조에서 국민이 지는 국방의 의무를 규정하고 있고, 국방의 의무를 구체적으로 정한 병역법은 대한민국 남자 국민에게 병역의 의무를 부과한다. 현역병 입영 대상자들이 정당한 이유 없이 입영일에서 일정 기간이 지났는데도 입영하지 않으면 처벌한다. 대법원은 양심의 자유를 내세워 병역의 의무를 거부하는 것을 '정당한 이유'로 인정하지 않아서 양심적 병역거부자들도 일반 병역기피자들과 똑같이 징역형을 받았다.[123]

헌법재판소는 2004년 양심적 병역거부 1차 사건에서 모든 병역거부자를 일률적으로 처벌하는 병역법 조항이 양심의 자유를 침해하는지에 대해 7 대 2로 '침해하지 않는다'고 합헌 결정을 했다. 재판관 7명은 법정의견에서 국방의 의무와 양심의 자유가 서로 충돌할 때, 입법자는 자신의 현실 판단을 근거로 삼아서 국가 안보라는 정책 과제를 법률로 어떻게 구현하고 만들어나갈지에 대한 권한을 넓게 갖는다고 보았다. 즉, 헌재는 넓은 입법형성권한을 가지는 국회가 만든 법률이 현저하게 불합리하거나 명백하게 잘못되어 양심의 자유를 침해하는 게 아니라면, 국회 판단을 존중해서 합헌으로 보겠다고 한발 물러섰다. 다만 헌재는 합헌을 선언하면서도, 앞으로 양심적 병역거부자를 위한 대체복무제 도입에 대해 국회와 정부가 진지한 검토를 해달라는 요구를 결정문의 말미에 달았다.[124]

2011년에는 헌재의 두 번째 심사가 있었다. 한 번 합헌으로 결론을 지은 법률 조항이더라도 다시 헌법소송을 제기할 수 있다. 헌재는 다시금 구 병역법 88조 1항에 대해 7 대 2로 합헌결정을 했다. 반대의견을 냈던 이강국 재판소장과 송두환 재판관은 법원이나 정부가 '정당한 사유'에 양심에 따른 병역거부를 포함하지 않는 것으로 해석하면 헌법에 위반된다는 의견을 제시했다.[125]

다른 국가기관도 대체복무제 도입을 꾸준히 주장하거나 논의해왔다. 국회에서는 2004년 처음 대체복무제를 도입하는 병역법 개정안이 발의된 이후로 일부 의원들이 계속 법안을 제안했다. 국가인권위원회는 정부에 대체복무제 도입을 요구했다. 정부에서도 국방부가 2007년 공론 과정을 통해 대체복무제 도입을 따져보겠다고 했고, 법무부도 2018년 대체복무 방안을 검토하겠다고 했다.

삼세판 I

2018년 세 번째 양심적 병역거부 결정이 나왔다. 헌재는 디테일에 신경을 썼다. 앞선 두 사건과 달리, 위헌 여부를 심판하는 법률 조항을 대한민국 남성의 병역의무를 정한 병역법 3조가 아니라 현역, 예비역, 보충역 등 병역 종류를 정한 병역법 5조 1항으로 삼았다. 헌법재판을 청구한 양심적 병역거부자들이 병역의무를 완전히 면제해달라는 주장을 한 것이 아니라, 병역의무를 이행할 테니 집총 등 군사 역무를 수반하지 않는 대체복무를 만들어달라고 주장한 것에 주목했다. 병역의무를 규정한 병역법 조항은 판단 대상에서 제외했다.[126]

최종 결론으로 채택된 다수 재판관의 법정의견은 "이 법률 조항은 헌법의 기본의무인 국방의 의무를 구체적으로 형성하는 것이면서 또한 동시에 양심적 병역거부자의 양심의 자유를 제한하는 것이기도 하다. 이 사건 법률조항으로 인해서 국가의 존립과 안전을 위한 불가결한 헌법적 가치를 담고 있는 국방의 의무와 개인의 인격과 존엄의 기초가 되는 양심의 자유가 상충하게 된다. 헌법적 가치가 서로 충돌하는 경우, 입법자는 양 가치를 양립시킬 수 있는 조화점을 모색해야 하고, 그것이 불가능해 부득이 어느 하나의 헌법적 가치를 후퇴시킬 수밖에 없는 경우에도 그 목적에 비례하는 범위 내에 그쳐야 한다"고 전제했다.[127] 양자가 충돌할 때 모두 충족시키기 어려우면, 국가작용이 기본권을 제한할 때 반드시 지켜야 할 한계의 기준인 헌법 37조 2항의 비례 원칙에 따라 심사해야 한다고 선언했다.

비례 원칙('과잉금지 원칙'이라고도 부른다)이란 쉽게 말하면 "참새를 잡을 때 대포를 쏘지 마라"라는 격언으로 비유할 수 있다. 국가가 만든 법률이나 국가가 행사하는 권력이 '비례적으로' 적정한 수준에서 기본권을 제한해야지, 만약 '과잉'해서 기본권을 침해하면 '금지'해야 한다는 것으로, 공권력이 위헌적으로 행사됐는지를 판단하는 위헌심사기준을 말한다.

비례 원칙은 네 가지 세부 원칙으로 심사한다. 법으로 기본권을 제한하는 목적이 헌법과 법률에 따라 부합해야 하고(목적의 정당성), 그 목적을 이루기 위해 적합한 정책수단을 사용해야 하며(수단의 적합성), 그 정책수단이 여러 정책수단 가운데 기본권을 최소한만 제한하는 수단이어야 하고(피해의 최소성), 국가의 공익 등과 제한되는 개인의 기본권을 비교해서 두 이익 사이에 합리적인 균형이 맞아야지, 일방적으로 개인의 기본권만을 침해해서는 안 된다(법익의 균형성). 이 세부 원칙을 모두 통과해야 국가가 기본권을 최대한 보장하는 노력을 다한 것이라 인정받는다. 그래야 비로소 헌법의 심사대에 오른 대상 법 조항이 합헌으로 인정받는 것이다.

2016년 병역판정 검사를 받은 청년들은 총 34만 명인데 양심적 병역거부자는 연평균 약 600명 내외였다. 처벌하면 교도소에 수감되니 어차피 병역자원으로 활용할 수 없는 상황이므로, 대체복무제를 도입해도 국방력에 유의미한 영향이 있지 않을 것으로 법정의견은 보았다. 객관적이고 공정한 대체복무 심사 절차를 마련하고 현역병이나 사회복무요원의 복무와 형평성이 확보된다면, 병역의 형평성이라는 입법 목적을 충분히 이룰 수 있다는 것이다. 양심적 병역거부자들의 기본권을 최소한만 제약할 수 있는 대체복무제라는 대안이 있다. 그럼에도 불구하고 이를 병역 종류 중 하나로 채택하지 않은 병역법 5조 1항은 양심의 자유를 최소한만 제한할 수 있는 정책 수단을 채택하지 않으니, 비례 원칙 중 피해의 최소성 원칙에 어긋난다고 판단했다.

대체복무제를 도입한다고 하더라도 국가안보와 병역의무의 형평성이라는 공익은 충분히 실현할 수 있다. 반면 양심적 병역거부자들은 최소 1년 6월 이상의 징역형과 막대한 유·무형의 불이익을 감수한다.[128] 차라리 이들을 공적 업무에 종사하게 한다면 교도소에 수용하는 것보다 넓은 의미의 안보와 공익 실현에 도움이 될 수 있다. 따라서 병역 종류를 규정한 조항은 양심의 자유라는 사익 침해와 공익 실현을 비교해볼 때, 비례 원칙 중 법익의 균형성 원칙도 침해했다. 이에 법정의견은 비례 원칙을 위반한다고 판단한 것이다.

이에 헌재는 현역, 예비역, 보충역 등 병역 종류를 정한 병역법 5조 1항에 대해 대체복무제도를 규정하지 않은 게 위헌이라 판단했다. 다만 5조 1항을 위헌이라고 선언하면 바로 5조 1항이 삭제되기 때문에 현역, 예비역, 보충역 같은 기존 병역제도까지 무효가 되어 없어질 수 있다.[129] 5조 1항에서 규정하고 있는 전체 병역제도 자체가 사라져 법률의 공백이 생기는 것이다. 이럴 때 헌재는 '헌법불합치결정'을 한다. 이 결정 방식은 해당 법 조항이 위헌적이라 판단하는 것이면서도 당장 무효화하지 않으며, 헌법재판소는 국회에 기간을 정해서 법을 고치도록 명령한다. 이 사건에서는 국회가 늦어도 2019년 12월 31일까지는 대체복무제를 도입하는 내용의 개선입법을 이행해야 하고, 그때까지 개선입법이 이루어지지 않으면 병역 종류 조항은 다음날부터 무효가 되도록 했다. 그리고 2019년 12월 31일, 국회는 다음과 같은 병역법 5조 1항을 별도의 대체역법(대체역의 편입 및 복무 등에 관한 법률)과 함께 통과시켰다.

병역법 제5조(병역의 종류) ① 병역은 다음 각 호와 같이 구분한다.

1. 현역: (생략)

2. 예비역: (생략)

3. 보충역: (생략)

4. 병역준비역: (생략)

5. 전시근로역: (생략)

6. 대체역: 병역의무자 중 「대한민국헌법」이 보장하는 양심의 자유를 이유로 현역, 보충역 또는 예비역의 복무를 대신하여 병역을 이행하고 있거나 이행할 의무가 있는 사람으로서 「대체역의 편입 및 복무 등에 관한 법률」

에 따라 대체역에 편입된 사람

기꺼이 총을 든 청년들은

그는 나보다 학번은 낮았지만 나이는 두어 살 쯤 많았다. 내 동기들과 형은 친했다. 대학 때 자주 어울리지는 못했지만 항상 웃던 사람으로 기억에 남는다. 형은 졸업하고 장교로 군대에 가서 육군 소위가 됐다. 제복도 잘 어울렸지만 밝고 호탕한 성격도 직업과 잘 맞았다. 두문불출하고 법 공부를 하며 골방에 처박혀 살던 나는 어느 날 친구들을 만났다. 소주잔에 동기들 눈물이 그렁거렸다. 죽었단다. 군 당국은 휴가를 나와 스스로 목숨을 끊은 것이라고 결론지었다. 믿을 수 없었다. 친구들과 아무리 되짚어봐도 그럴 만한 이유를 알 수 없었다.

팔을 걷어붙이고 나서서 진상을 알아볼 가족이 없었다. 안타까워만 했다. 그렇게 시간이 흘렀고 잊고 살았다. 나는 친구들과 어울리지 않고 주변을 잘 챙기지 않은 대가로 원하던 자격증을 얻었다. 공익법무관이라는 군복무 이행의 혜택도 입었다. 법무관을 마치고 법제처 사무관으로 일했다. 국방부 법제 심사를 담당하는 자리를 맡았다.

전공사상 심사위원회의 심사 대상을 확대하고 기준을 완화하는 것으로 개정하거나 군사망사고진상규명위원회의 근거 법령을 만드는 등 각종 국방부의 법령을 심사하는 일을 했다. 때로는 힘들다고 투덜거렸다. 어느 순간에는 형도 떠올랐다. 법령들이 시행됐지만 특별히 눈길을 준 건 없었다. 그러다 눈이 오던 12월의 추운 날, 형과 동기인 후배에게 형이 대전현충원에 안장됐다는 소식을 들었다. 전공사상 심사위원회의 재심사 기준 확대로 결국 순직이 인정된 것 같았다. 사적 인연만 생각하면 법을 바꾸는 공무원인 게 가장 값진 순간이었다.

신념이 허락하지 않아 끝내 감옥에 간 청년도 있지만, 군인이 되고 싶지 않아도 마음을 다잡고 기꺼이 총을 든 청년도 많다. 목숨을 잃거나 다친 젊음도 있다. 대한민국의 청년들이 헌법상 국방의 의무에 따라, 병역법의 병역의무에 따라 감수하는 희생은 엄청나다. 대다수는 신체의 황금기를 군말 없이 국가를 위해 바친다. 기성 질서는 여전히 월급 아닌 월급을 쥐어주면서 이들의 희생이 아름답다고 표현한다. 군대는 아무리 편해져도 군대다. 자유롭게 태어난 인간이 2년 가까이 거의 모든 자유를 박탈당하고 전쟁 훈련과 실행을 하는 실제 현장이다.

소수자에게 양심적 병역거부를 허용하는 것과 다수 남성 청년들이 군복무를 하는 것은 논리적으로 무관한 별개 문제다. 양심적 병역거부나 군가산점제에서 벌어지는 갈등은 막대한 희생을 치르면서 병역의무를 이행하는 젊은 남자들에게 국가와 사회가 정당한 보상을 하지 않기 때문에 발생한다. 병역을 성실히 이행한 사람들에게 걸맞은 보상이 없으니, 병역기피자든 병역거부자든 이유와 상관없이 병역을 이행하지 않은 사람들에게 화살이 돌아간다.

양심적 병역거부자를 모두 인정하지 않고 처벌한다고 해서 다수 청년들이 병역의무를 이행하지 않아도 된다거나 어떤 보상이 생기는 것도 아니다. 공무원을 임용할 때 여성이나 장애인같이 병역의무를 이행하지 않는 사람들의 공직을 맡을 권리인 공무담임권을 침해하며 제대군인들에게 군가산점을 준다고 해서, 사기업에 취업하거나 공무원과 무관한 직업을 갖는 전체 제대군인들에게 골고루 혜택이 돌아가는 것도 아니다.

징병제 때문에 사회적으로 가장 냉대를 받던 '양심적' 병역거부자들의 문제가 큰 산을 넘기 시작했다. 이제 이와 별개로 국가와 사회는 '자신의 양심과 애국심'에 따른 병역의무 이행자들의 처우와 대우에 대해서도 함께 커다란 진전을 만들어야 할 때다. 젊은 남자들 사이에 총을 들었는지 들지 않았는지, 누가 희생을 덜하고 편하게 국방의 의무를 이행하는지를 따져서는 답이 나오지 않는다. 당장 징병제를 포기하기 어렵다면 다른 이들의 기본권을 뺏는 제로섬 게임 같은 군가산점제의 요식행위가 아니라, 실질적인 보상과 지원을 위해 국방세를 걷어서라도 사병 급여를 올리고 장교에게 몰리는 각종 혜택을 사병들에게 돌려서라도 국가와 사회가 징병된 사람들에게 최선을 다할 때다.

7장. 소수자의 소리가 울려퍼질 때

격쟁의 이유

조선 백성들은 양반이든 상민이든 노비든 아녀자든 누구든지 억울한 일이 있으면 민원을 낼 수 있었다. 먼저 자기 고을의 수령에게 민원을 넣는 것을 정소呈訴라 했다. 정소로 해결되지 않은 경우 조정에 하소연할 수 있었는데 윗사람에게 호소하는 소원訴冤이다.《경국대전》에는 지금 3심제처럼 소원을 하는 상소 절차가 규정됐다. 우선 억울하고 원통한 게 있는 사람은 서울에서는 주장관에게, 지방에서는 관찰사에게 의송議送을 올린다. 그래도 풀리지 않으면 사헌부에 고하고, 그래도 바뀌지 않으면 신문고를 친다고 규정했다.[130]

그런데 시간이 지나자 한양까지 올라가서 쳐야 하는 신문고 제도가 유명무실해졌다. 15세기 후반 이르러 신문고는 사라지고 대신 격쟁擊錚과 상언上言이 활용됐다. 상언은 문서로

써서 정소하는 방식으로 주로 사대부들이 선호했다.

반면 격쟁은 왕 앞에서 직접 억울함을 토로하는 것이어서 일반 백성들이 많이 했다. 왕이 궁궐 밖으로 행차할 때 갑자기 징이나 꽹과리를 치면서 임금 앞에 나가 말하거나 직접 궁궐 안으로 들어가기도 했다. 격쟁이 남발되자 격쟁을 한 다음 왕에게 소란을 피운 죄로 곤장을 맞기도 했다. 격쟁을 할 수 있는 사유를 제한하고 사리에 맞지 않는 문제 제기를 하면 유배까지 보냈다.[131] 매 맞고 유배 갈 각오까지 하고 외치는 이유는 그것 말고는 다른 수단이 없기 때문이었다.

오늘날 헌법재판의 종류는 다섯 가지가 있다. 헌법소원심판, 위헌법률심판, 탄핵심판, 정당해산심판, 권한쟁의심판이다. 그중 국민들이 많이 제기하는 대표적인 헌법재판은 공권력의 행사에 의해 기본권을 침해받은 사람이 청구할 수 있는 헌법소원이다. 격쟁을 할 수 있는 사유를 제한하는 것처럼, 이 심판을 청구할 수 있는 조건은 엄격하다. 예를 들어 다른 구제절차를 진행할 수 있다면 청구할 수 없다는 것 등이 정해져 있다.[132]

헌법재판이 받는 비판 중 하나는 헌법재판이 너무 사회적 약자와 소수자들만 보호하는 데 치우친다는 것이다. 이런 비판이 나오는 이유는 노동자, 장애인, 여성, 성소수자 같은 사회적 약자와 소수자들이 집회시위의 자유 같은 기본권을 마음껏 누리며 자신의 견해를 충분히 주장하고 있는 것처럼 보이기 때문인 것 같다.

반면 이들을 바라보는 '정상적인 다수'는 이런 소수자들의 권리 주장과 모습을 불편해하기도 하고, 심지어 소수자를 혐오하는 극단적인 입장도 나타난다. '나도 사회생활하면서 억울해도 참고 사는데 당신들만 인권 있고 나는 인권이 없냐?'는 생각이 바탕에 깔린 게 아닐까.

그런데 사실 대부분 평범한 사회구성원들은 평소 기본권을 찾아볼 필요가 없다. 선거제도는 다수의 의사를 위주로 반영되도록 설계됐기 때문이다. 통상적으로는 이게 국가와 사회의 운영원리로서 효율적이며 때로 바람직하다. 법률과 제도, 문화와 관습, 정상과 상식은 모두 다수를 기준으로 형성된다. '정상'의 범주 안에서 용인되는 관념과 행동 양식을 가진 일반인들은 법과 정책에 충돌할 일이 적다.

다수자의 법, 소수자의 권리

오른손잡이가 만든 세상에서 왼손잡이는 문고리를 돌리는 것마저도 불편하다. 다수자를 중심으로 형성된 법제도가 소수자의 권리와 충돌할 때 문제가 생긴다. 국회와 정부가 특별한 법과 정책을 만들어 해결하기도 한다. 하지만 다수가 소수를 위한 정책을 반대하거나 탐탁해하지 않을 때 국민 여론을 살펴야 하는 국회와 정부는 먼저 나서지 못한다. 법철학자 로널드 드워킨도 이 점에 주목해서 다수자가 만드는 '법'을 정부가 집행할 때 소수자의 '권리'를 존중하는 것이 중요하다고 역설한다.

> 법의 많은 부분에서 공동선에 대한 다수 견해를 반영할 수밖에 없다. 그렇기 때문에 권리가 중요하다. 왜냐하면 그것은 소수자의 존엄성과 평등이 존중될 것이라고 다수자가 소수자에게 하는 약속을 나타내기 때문이다. 집단들 사이의 분열이 가장 격렬해질 때 이 제스처는 가장 진정한 것이 되어야 한다. 〔중략〕 관료들은 소수자의 주장의 많은 부분에 동의하지 않을 것이다. 이 점은 정부 관료가 신중하게 정책결정을 하는 것을 더욱 중요하게 만든다. 그들은 권리가 무엇인가를 (진지하게) 이해하고 있음을 보여야 하며, 그 법원리가 담고 있는 모든 함의에 대해서 기만하지 않아야 한다. 〔중략〕 만일 정부가 권리를 진지하게 받아들이지 않는다면, 정부는 법도 진정으로 인정하지 않는 것이다.[133]

나는 이 글을 읽으면서 "집단들 사이의 분열이 가장 격렬해질 때 이 제스처는 가장 진정한 것이 되어야 한다"는 말이 가슴에 와닿았다. 분열이 심할 때, 격쟁이 남발될 때, 그러니까 다수자의 상식이 소수자의 권리를 침해해서 소수자가 소리칠 때, 그때 권리는 가장 진지하게 받아들여져야 한다. 먼저 행정부에게, 정부 관료와 공무원에게.

그런데 이게 쉽지 않다. 소수 집단을 대표하는 비례대표 의원들을 제외하면 다수 국민이 뽑는 국회의원들로 의회가 구성되는 것처럼, 행정부의 1인자 대통령도 다수 시민들이 선출한다. 청와대의 정책을 실행하는 정부조직과 공무원도 국민의 '눈치'를 볼 수밖에 없다.

사법부의 존재 이유가 여기 있다. 요즘에는 사법에 대한 국민 참여가 강조된다. 그런데 본래 사법부를 국민들의 선거로 구성하지 않는 까닭은 선거나 다수 여론에 흔들리지 말고 독립해서 재판하라는 뜻도 담겨 있다.[134] 헌재와 법원은 개별적인 정치, 경제, 과학, 사회, 예술, 문화의 각 분야에 대한 정책적 전문성은 없다. 그러나 다양한 국민의 권리 보호라는 법적 판단 분야에서 '유이한' 전문성을 가진 두 헌법기관이다. 특히 헌법재판은 소수자인 국민의 권리를 보장하고 있는지 헌법에 비춰 마지막 판단을 하는 제도다. 소수자는 사법부밖에 기댈 곳이 없다. 헌재와 법원은 소수자의 인권 보호 여부를 마지막으로 검증하는 낙동강 최후 방어선이다.

예를 들어 사회 빈곤층에 해당하는 사람들이 법률상 기초생활수급권 같은 권리를 행사해서 사회보장을 받지 못하면 생활을 지탱할 방도가 없는 경우, 생각할 수 있는 마지막 구제수단은 헌법상 인간다운 생활권을 행사해서 헌법소원을 제기하는 것이다. 그러나 헌법 조항에 따라 국가에 대해 소송을 제기할 생각조차 하지 못하고 제소 방법도 모르는 것이 현실이다. 하루하루 먹고살기도 버거운데 소송을 제기할 시간적, 경제적, 정신적인 여유가 있을 리 없다.

억울한 입장에 놓이지 않은 사람들은 소송도, 소원도, 격쟁도 필요 없다. 사회적으로 발붙일 곳 없는 경제사회적 약자들이 최후로 제기하는 헌법소송은 한국의 화려한 성취 속에 가려진 엄연한 현실적 모순을 교정할 소중한 방법이다. 격쟁을 대체하는 오늘날 헌법소원은 격쟁의 이유도 해결할 수 있는 헌법의 마당이다. 당장 억울함이 없는 나를 포함한 다수 사람들이 이해되지 않는 말을 소리치고 있는 소수자와 약자의 문제 제기에 대해, 한번 숙고해볼 수 있는 기회의 공간이기도 하다.

삼세판 II : '계간 그 밖의 추행'

1962년 만들어진 구 군형법 추행죄(92조)[135]는 남성 사이의 성교 행위를 빗댄 '계간'이라는 표현을 써서 "계간 기타 추행을 한 자"를 1년 이하의 징역에 처했다. 군대에서 남자들 사이에 성적 행동을 하면 형사처벌하는 것이다. 그것이 그들의 사랑이든 아니든. '계간'보다도 '기타 추행'이 큰 문제가 됐다. 성교가 아닌 남자 사이의 모든 성적 행위가 처벌될 수 있기 때문이다.

여기서 '기타 추행'을 형사처벌하는 것이 헌법에 위반되는지가 헌재에서 논의됐다. 헌재는 2002년과 2011년 두 번의 판단에서 '기타 추행'이 죄형법정주의[136] 등에 위반되지 않아 합

헌이라고 판단했다.[137]

2009년 군형법을 다시 개정했다.[138] 추행죄를 92조에서 92조의5로 옮기고 "계간이나 그 밖의 추행을 한 사람은 2년 이하의 징역에 처한다"라고 규정해서 오히려 형량을 높였다.[139] 그러면서 폭행이나 협박을 통해 군인을 추행한 강제추행죄(군형법 92조의2), 항거불능을 이용한 준강간, 준강제추행죄(군형법 92조의3)를 새로 만들었다.

2012년 세 번째 헌법재판이 제기됐고 4년 후 다시 결정이 나왔다. '그 밖의 추행'이 위헌인지를 다루었다.[140] 이 사건 결론은 합헌 5명, 위헌 4명으로 의견이 나뉘었다. 다수의견인 합헌의견이 법정의견으로 채택됐다. 다수의견은 '법률의 합헌성 추정 원칙'에 기대어 고심했다. 헌법은 범죄를 저질렀다는 의심을 받는 피고인에게도 무죄추정의 원칙을 적용하는 것처럼, 위헌이라는 의심이 드는 법률 조항에도 합헌성을 추정해주기 때문이다. 현재 시행되는 법률의 합헌성이 추정되지 않는다면, 즉 위헌일지 모른다면 우리 사회생활은 혼란에 빠질 것이기에 그렇다. 다수의견은 '그 밖의 추행'이 최대한 위헌이 되지 않도록 명확하게 개념을 정의해보려 시도했다.

이상을 종합하여 보면, 심판대상조항에서 말하는 "그 밖의 추행"이란 결국 폭행·협박에 의한 강제추행이나 심신상실 또는 항거불능 상태를 이용한 준강제추행을 제외하고, 객관적으로 일반인에게 혐오감을 일으키게 하고 선량한 성적 도덕관념에 반하면서 계간에 이르지 아니한 동성 군인 사이의 성적 만족 행위로서, 군이라는 공동사회의 건전한 생활과 군기를 침해하는 것을 의미하며〔후략〕.[141]

'그 밖의 추행'이라는 다섯 글자에서 ① 강제추행과 준강제추행의 제외(행위의 범위) ② 일반인에 객관적 혐오감정 유발(감정의 내용 및 그 판단의 주체) ④ 선량한 성적 도덕 관념 위반(도덕관의 위반) ④ 계간 정도 아님(행위의 정도) ⑤ 동성 군인 사이(대상) ⑥ 성적 만족 행위(행위의 특성) ⑦ 군대 사회의 건전한 생활과 군기 침해를 추출했다. 모두 법률에 명시되지 않은 내용이지만, 다수의견은 일곱 가지 요소로 이루어지는 개념을 만들었다.

그럼, 다시 읽어보자. 무슨 말인지 쉽게 와닿는가. 저 개념이 쏙쏙 이해된다는 분들 중에서는 '군대에서 동성 간 성적 행위는 나빠! 무조건 감옥으로 보내야 돼!'라는 사람이 있을지 모른다. 하지만 '군대에서 동성 간 성적 행위는 사랑한다면 있을 수도 있어. 이성 사이의 성적 행위와 차별을 두면 안 돼'라고 생각하는 사람들은 헌재가 제시한 정의가 이상하게 보일 것이다. '군대에서 동성 사이의 성적 행위는 안 돼. 하지만 모두 감옥에 보내는 건 너무해. 형사처벌 말고 예외적으로 행정상 징계만 해도 돼'라고 생각하는 사람들도 처벌 범위에 포함시키는 것은 과하다고 할 것이다.

추상적이고 광범위한 개념을 설정하면 각자의 가치판단이 개입할 공간이 커진다. 읽는 사람마다 다르게 느낄 수밖에 없다. 그런데 이 결정문은 '객관적, 일반인, 혐오감, 선량한, 도덕관념, 성적 만족, 건전한 생활, 군기'와 같이 추상적이고 다의적이며 가치지향을 담은 단어를 남발했다. 개념을 지을 때 이러한 단어를 아예 사용하지 않을 수는 없겠지만 너무 많으면 그 정의 개념 자체도 구체적이지 못하게 된다. '혐오감, 선량한, 도덕관념, 건전한' 같은 단어는 사람에 따라서는 개념을 구성하는 요소로 쓰면 안 된다고 보는 경우도 있다. '그 밖의 추행' 자체가 모호하니 저렇게 개념을 풀어 써도 애매해진다.

동성애에 대한 입장을 배제해보자. 객관적 일반인의 혐오감과 선량한 도덕관은 2016년 헌재 결정 당시 누구를 기준으로 삼은 것일까. 재판에서 동원되는 '객관적 일반인'이라는 관점은 자의적이라는 비판에 직면하게 된다. 또한 '혐오감'을 일으키는지, '선량한 도덕관'을 위반하는지도 이 범죄의 처벌 여부를 좌우하는데, '혐오감, 선량한, 도덕관념'은 모두 사람마다 다르게 느끼는 개념이다. 그렇기 때문에 처벌 조항을 해석하는 기준이 되기에는 역부족이다. 그럼에도 다수의견은 '건전한 상식과 통상적인 법 감정을 가진 군인'이라면 명확하게 어떤 행위가 처벌되는지 아닌지를 알 수 있다고 판단했다.

건전한 상식과 통상적인 법 감정을 가진 '군인'은 어떠한 행위가 심판대상조항의 구성요건에 해당되는지 여부를 충분히 파악할 수 있다고 판단되고, 그 전형적인 사례인 '계간'은 심판대상조항에서 '추행'이 무엇인지를 해석할 수 있는 판단지침이 되는 이상, 법집행기관이 심판대상조항을 자의적으로 확대하여 해석할 염려도 없으므로, 심판대상조항은 죄형법정주의의 명확성원칙에 위반되지 아니한다.[142]

소수의견

통상적인 판단을 하는 군인이라면 처벌되는 행위를 정확히 알 수 있을지에 대해서 9명의 헌법재판관 중 5명은 이 사건 조항이 건전한 상식을 가지고 보면 명확하다고 판시했다. 반면 4명의 재판관은 통상 판단능력을 가져도 어떤 행위가 처벌되는지 도저히 알 수 없다고 결론지었다. 4명의 반대의견(소수의견)은 위헌이라 판단한 것이다. 아래 소수의견은 앞선 다수의견과는 정반대로 서술했다.

이처럼 통상의 판단능력을 가진 군형법 피적용자로서는 심판대상조항에 의해 남성간의 추행만 처벌되는 것인지, 아니면 여성간의 추행이나 이성에 대한 추행도 처벌되는 것인지, 나아가 군인간의 추행만 처벌되는 것인지, 아니면 군인이 일반 국민을 추행한 것까지 처벌되는

것인지 여부를 도저히 알기 어렵게 되었다.[143]

법률은 명확하고 구체적이지 않으면 위헌이다. 헌법상 명확성의 원칙이다. 특히, 형사처벌 조항은 그 법을 지켜야 하는 국민 입장에서 볼 때 최대한 명료하게 읽혀야 한다. 명확하지 않은 법률로 징역과 벌금을 부과해서, 신체의 자유(헌법 12조)와 재산권(헌법 23조)을 침해해서는 안 된다는 상식이 담겼다. 그러면서 소수의견은 다수의견의 허점을 공략했다.

'예시적 입법'의 경우 예시조항은 그 자체로 일반조항의 해석을 위한 판단지침으로서의 역할을 해야 한다. '계간'은 통상적으로 남성간의 항문성교를 의미하는 개념이고, '그 밖의'는 계간에 준하는 정도의 추행으로 구성요건을 한정하는 문언이므로, '그 밖의 추행'은 적어도 '계간에 준하는 행위'로 봄이 타당하다. 그러나 앞에서 본 대법원 판결[144]은 이러한 통상적 해석과는 달리 '기타 추행'을 '계간에 이르지 아니한 동성애 성행위'로 보아 음란의 정도가 계간보다 약하여도 무방하다고 보고 있다. 이는 '그 밖의 추행'에 해당하는 행위인지 여부를 판단함에 있어 '계간'이 그 기준이 될 수 없을 뿐 아니라, 음란정도가 어느 정도에 이를 때 '그 밖의 추행'에 해당한다고 할 수 있을지에 관한 아무런 기준을 제시하지 못하고 있기 때문이다. 결국 심판대상조항은 행위의 정도에 관하여도 모호하게 규정함으로써, 행위자로 하여금 법률에 의하여 처벌받을 행위가 무엇인지를 예견할 수 없게 하고, 수사기관, 공소제기기관 및 재판기관의 자의적인 해석과 적용을 초래하게 되었다.[145]

소수의견은 '그 밖의 추행'은 계간 정도에 준하는 추행이어야 한다고 본다. '계간 기타 추행'과 같이 '그 밖의, 기타, 등' 같은 예시적 입법 방식을 사용했다. 이 경우 나열된 것에 버금가는 정도로 해석해야 한다는 게 일반적인 법해석의 원칙이다. 그러니까 '기타 추행'에는 추행이 모두 다 포함되는 게 아니라 계간과 비슷한 정도로 '나빠서' 형사적으로 처벌해야 하는 추행만 포함되고, 계간에 준하지 않는 추행은 처벌되지 않는다고 해석해야 한다는 것이다.

그런데 헌재 다수의견이 인용하는 대법원 판결은 이러한 예시적 입법의 해석방법과 달리, 계간 정도에 못 미치는 행위도 '그 밖의 추행'에 포함해서 처벌하고 있다. 다수의견은 '그 밖의 추행'의 경우에는 '음란의 정도'가 계간보다 약해도 괜찮다는 뜻이 된다는 것이다. 애매모호한 규정 때문에 대법원 판례나 헌재 다수의견도 일관된 해석을 하지 못한다고 소수의견은 비판한다. 결국 국가기관의 자의적 해석으로 처벌 범위가 넓어질 수 있다고 지적한다.

게다가 소수의견은 '그 밖의 추행'의 주체와 대상, 장소 규정이 없어서 남성 사이 추행, 여성 사이 추행, 이성 사이 추행,

군인 사이의 추행, 군인과 일반인 사이의 추행, 군영 내외의 추행 중에서 어떤 것이 처벌되는지를 알 수 없다는 점도 꼬집었다. 처벌되는 추행이 무엇인지 문제되는 것이다. 동성 사이의 스킨십, 애정행위 등 모든 성적 행위 중에서 무엇이 처벌되는지, 무엇이 처벌되지 않는지도 알 수 없다. 동성 군인 사이의 진한 포옹도 추행인가? 가벼운 입맞춤도 추행인가? 손을 잡거나 가슴이나 무릎, 허벅지를 만지면 어떤가? 이런 것들은 추행이 아닌가? 그렇다면 남성과 여성인 군인 사이에 진한 포옹이나 가벼운 입맞춤, 신체 부위를 만지는 건 추행인가, 아닌가? 이 불일치는 무엇인가. 군형법은 대체 무엇을 처벌하고 무엇을 처벌하지 않겠다는 것인가.

소수의견은 이런 논거도 더했다. 군형법을 포함한 형사법 체계의 기본 틀인 형법에서는 폭행, 협박, 위계, 위력을 사용하거나 심신상실과 항거불능 상태를 이용해서 강제적으로 성적 자유(성적 자기결정권)를 침해하는 '추행행위'와 강제성 없이 선량한 풍속을 침해하는 '음란행위'를 엄격히 구별한다.[146] 즉, 다른 조항에서 규정하고 처벌 형량도 상이하다. 별개 범죄다. 그런데 '그 밖의 추행'은 강제적인 추행행위와 강제적이지 않은 음란행위를 같은 형량으로 처벌해서 체계적 모순이 생긴다는 점을 꼬집었다.

다만 국회는 이 헌재 결정이 나기 전에 2013년에 개정해서 군형법 95조의5에 있던 추행죄를 다시 95조의6으로 옮겼다. 추행행위 대상을 '군인'으로 한정하고, '계간'을 '항문성교'

로 바꾸어 규정했다.[147] '계간'이란 단어에는 부정적인 비하 의도가 담겨 있다. '항문성교'는 그보다 중립적인 의미가 담겼다. 그러나 역설적으로 더 위험한 처벌 조항이 됐다고도 볼 수 있다. 계간은 부정적, 비하적 행위에 대해서만 처벌하는 것이라는 '변명'이 가능했지만, 항문성교는 그러한 부정적 의미를 제거해서 처벌 여지를 더욱 넓혀놨다는 주장도 가능하기 때문이다. 부정적 의미의 단어든 중립적인 의미의 단어든, 이를 형사처벌하는 것이 헌법적으로 정당화되는지 여전히 의문은 남는다.

군형법에만 이런 조항이 있다. 일반 형법과 군형법 모두 폭행, 협박으로 인한 강제추행죄가 존재함에도 불구하고, 군형법에만 '항문성교 그 밖의 추행'을 처벌하는 조항이 규정되었다. 소수의견도 지적했지만 동성 사이든 이성 사이든 상관없이 형사처벌할 범죄로 규정되어야 할 것은 위계, 위력을 사용한 성범죄이다.[148] 이것이 처벌 영역에 명확하게 규정되어야 할 행위이며, 군대의 군기를 문란하게 하는 행위라 할 수 있다. 군이 더 추가하자면 형법상 군영 내 공연음란죄 같은 범죄의 형량을 높여서 규정하면 군형법의 처벌 조항은 차고 넘치게 된다. '그 밖의 추행죄'를 삭제해도 문제없다.

단어의 품격

이 사건에서 다수의견이 결정문에 쓴 '혐오감'이란 단어는 불필요한 생채기를 남길 수 있다. 누군가의 본질적인 성적 정체성과 자신의 존엄과 선택, 결정에 관한 사항에 대해서, 그의 기본권을 최대한 보호하고 존중해야 할 헌법재판소가 굳이 사회적으로 차별, 배제, 낙인을 확산시킬 수 있는 표현을 쓸 이유는 하나도 없다. 다른 표현을 선택할 수도 있었다. 4명의 반대의견도 존재했다.

'혐오' 또는 '혐오감'이라는 단어의 사회적 배경과 위험성을 조금이라도 신경을 썼다면, 사회적으로 혐오가 확산될 우려가 있어서라도 사용할 수 없다. 성소수자 본인이나 성소수자 가족처럼 관련된 시민들이 받을 상처를 한 번이라도 생각한다면, 사법기관의 결론을 적은 문서에 쓰는 것은 타당하지 않다고 나는 생각한다.

이 표현을 왜 썼을까. 사실 "객관적으로 일반인에게 혐오감을 일으키게 하고"라는 표현은 통상 법원의 성범죄와 관련된 형사 판례 문구를 가져와 비슷하게 쓴 것일 수 있다.[149] 대법원 판결을 인용할 때는 그대로 가져와야 하지만, 대법원 판례를 참고해서 헌법재판소가 정의 개념을 구성하는 것이라면 좀 더 세밀한 언어를 구사해야 한다고 본다. 이 사건 결정문은 단순한 일반 법원의 형사 판결문이 아니다. 인권이 무엇인지 면밀하게 밝히는 국가의 최고 문서다. 의도치 않은 단어 하나가 사회에 잘못된 신호를 주고 부정적인 영향을 미칠 수 있다.

또한 문장 구성을 볼 때 동성 간 성적 행위 자체가 '혐오감'을 일으킨다고 단정해서 쓴 것이 아니라, 이 행위 중 처벌될 행위만 한정하고 제한하기 위해 사용한 표현일 수도 있다. 하지만 정확하지 않다. 무슨 표현인지 추측이 필요한데, 인간으로서 가지는 권리가 이 사건에서 무엇인지 찾아내야 하는 헌법재판소의 문장으로 어울리지 않는다.

누군가의 인격적 결단에 대해 타자가 반대를 할 수 있는 것인지 의문이지만, 동성애 이슈에 찬반이 존재하는 건 현실이다. 첨예한 의견 대립 속에서 헌법재판소, 법원, 국가인권위원회 같은 국가기관은 사회적 약자와 소수자의 의견을 경청하고 배려해야 할 최후 보루다. 나와 다른 견해가 달라도 듣고, 반대하는 시민과 사회적 소수자들에게 상처를 주지 않는, 하나의 문장에서도 품격 있는 언어를 사용하는 헌법재판소의 결정문을 많이 읽고 싶다.

평등권의 침해 여부

헌법재판소는 동성 군인 사이의 성적 행위만 처벌하는 것이 이성 사이의 성적 행위를 한 군인과 차별해서 헌법상 평등 원칙에 위반되는지를 판단했다. 앞서 말했다시피 평등권을 침해하는지를 판단할 때는 비교할 집단이 필요하다. 동성 군인 사이와 이성 군인 사이의 성적 행위를 비교했을 때 다르게 취급하는 게 있는지, 그러한 취급이 합리적인 이유가 없이 자의적인지를 판단하는 것이다. 공권력이나 법률이 같은 것을 합리적 이유 없이 다르게 취급하면 평등권 침해해서 위헌이 된다. 동성 군인 사이의 것만 처벌하는 것이 그들의 평등권을 침해할까?

> 심판대상조항이 **동성 사이의 성적 행위를 한 군인**에게만 적용되는 것은 앞서 본 바와 같이 군대는 **동성 사이**의 비정상적인 성적 교섭행위가 발생할 가능성이 현저히 높으며, 상급자가 하급자를 상대로 **동성 사이**의 성적 행위를 감행할 가능성이 높고, 이를 방치할 경우 군의 전투력 보존에 직접적인 위해가 발생할 우려가 크다는 군대 내의 특수한 사정에 따른 것이므로, **이성 사이**의 성적 행위를 한 군인과 비교하여 어떠한 차별취급이 존재한다 하더라도, 이는 합리적인 이유가 인정된다.[150]

다수의견은 '상급자가 하급자를 상대로 동성 사이의 성적 행위를 감행할 가능성이 높다'고 보면서 동성 사이와 이성 사이의 것을 차별하는 것은 합리적인 이유가 있다는 논리를 편다. 그러나 이 점은 이성 사이에도 똑같다. 아니, 더 심할지도. 잘 모르겠다면 다수의견을 뒤집어보자. 이성 사이의 성적 행위를 한 군인만 처벌하는 군형법상 추행죄가 존재하고 동성 사이의 성적 행위를 한 군인은 처벌하지 않는 상황이라고 가정하자. 그런 상황에서 헌재 결정문 다수의견은 이렇게 쓰였을 것이다.

> 심판대상조항이 **이성 사이의 성적 행위를 한 군인**에게만 적용되는 것은 앞서 본 바와 같이 군대는 **이성 사이**의 비정상적인 성적 교섭행위가 발생할 가능성이 현저히 높으며, 상급자가 하급자를 상대로 **이성 사이**의 성적 행위를 감행할 가능성이 높고, 이를 방치할 경우 군의 전투력 보존에 직접적인 위해가 발생할 우려가 크다는 군대 내의 특수한 사정에 따른 것이므로, **동성 사이**의 성적 행위를 한 군인과 비교하여 어떠한 차별취급이 존재한다 하더라도, 이는 합리적인 이유가 인정된다.

처벌 대상을 '동성 사이'에서 '이성 사이'로 바꿨는데 자연스레 읽힌다(자연스럽지 않은 사람도 있을 것이다. 존중한다). 같은 것을 '합리적 이유 없이' 다르게 취급하는 것이다. 군대 집단에서 다른 사회 집단보다 성범죄가 발생할 가능성이 크다면 그 주된 이유는 강력한 상명하복에 따라 움직이는 집단생활 조직이기 때문일 수 있다. 성비위, 성추행, 강간 등의 문제가 발생하는 건 집단생활을 하는 위계조직에서 나오는 부작용이지, 동성 사이냐 이성 사이냐에 따라 달라질 게 아니다. 군대 내 성

문제는 주로 동성 사이에서만 발생하는 것인가 질문에 그렇다고 대답할 수 있겠는가. 발생 가능성만 따진다면 이성 사이의 권력관계가 더 문제될지 모른다.

"동성 사이의 비정상적인 성적 교섭행위가 발생할 가능성이 현저히 높"다면 이성 사이의 비정상적인 성적 교섭행위의 가능성에 비해 현저히 높은지 국가가 추측하지 말고 정책 자료를 통해 입증해야 한다. 또한 동성애가 군기강을 흐트러뜨리고 전투력을 약화시킬 것이라는 논리는 동성애에 대한 편견이지, 뒷받침되는 논거도 없다. 동성애를 처벌하지 않는 영국, 호주, 캐나다 같은 외국의 군대가 전투력이 떨어진다고 단정할 근거도 빈약하다. 오히려 계간 그 밖의 추행죄에 대한 군형사 실무에서 이 조항이 적용되는 경우가 많지 않다는 자료도 있다.[151]

하나 더 생각해볼 지점도 있다. 헌법재판소는 평등권 침해뿐만 아니라 관련된 다른 기본권의 중대한 제한이 같이 쟁점이 되는 사안에서는 기준을 강하게 적용해서 '세게' 심사한다. 앞에서 본 것처럼 통상적으로 평등권 침해 여부를 심사할 때는 차별받는 집단과 비교되는 집단 사이의 차별이 합리적이냐 아니면 자의적이냐를 가지고 심사한다(자의금지 원칙). 즉, 차별한다고 해서 다 위헌이 아니다. 다른 것을 다르게 차별하는데 합당한 이유가 있다면 평등권을 침해하지 않는다. 그런데 평등권 말고도 관련 기본권의 중대한 침해가 있는 경우에 헌재는 비례 원칙을 기준 삼아 '강력하고 엄밀하게' 심사하지, 손쉽게 합헌을 선언해주지 않는다. 이 경우 문제된 법률 조항이 합헌이라는 것을 법률을 만든 국가인 국회와 정부가 헌법재판에서 설명하고 입증해야 한다. 헌재가 볼 때 합헌이라 볼 만큼 충분한 설명이 되지 못하면 위헌이 될 수도 있다.

　이 사건은 군인들의 성적 자기결정권이라는 중요한 기본권의 침해 여부가 평등권 침해 여부와 함께 문제됐다.[152] 그런데 헌재는 성적 자기결정권이 평등권과 관련되어 중대하게 제한될 수 있다는 논리를 펴지 않았다. 엄격한 비례 원칙 심사를 하지 않았다.

같은 언어로 다름을 이해하기 위하여

차별과 혐오의 처음은 배제다. 앞서 본 것처럼 배제된 개인 차원의 문제라면 해결이 상대적으로 용이하다. 개인의 문제라서 쉽다는 것이 아니다. 개인이 차별로 받은 피해는 특정되고 파악할 수 있는 만큼 집단 전체가 받는 피해보다 해결 가능성이 높아진다는 것이다. 한 사람에 대한 피해인지라 소송이든 무엇이든 공적 해결 방법에 따라 사실관계를 확인한다. 사과를 하고 화해를 하든지, 법률적으로 손해를 배상하고 가해자를 제재하면 된다.

　그러나 집단을 싸잡아 배제하면 양상이 다르다. 집단에 대한 차별과 혐오는 개인 수준을 넘어 사회적 문제가 된다. 특정 개인이 입은 피해도 알려지면 '사회화'된다. 집단과 사회 전체 속으로 광범위하게 퍼져나간다. 법률적 대응을 할 필요가 없을 정도로 미미하더라도 심리적 상처는 그 집단에 속한 모두에게 계속 남는다.

성소수자 쟁점이 그렇다. 예전부터 인류 문화 속에 있었던 삶의 한 가지 방식이었다. 그런데 자유주의와 민주주의 체제를 갖췄다는 공동체가 이들을 받아들이지 못한다. 말로는 "당신들 알아서 살아라, 국가는 간섭하지 않는다"라고 하지만, 국가가 아무런 제도도 형성해주지 않았다. 결혼해서 가정을 이루고 싶어도 혼인신고조차 할 수 없다. 사회생활을 하는 데 제약이 있어도 개선을 하려 하지 않는다. 배제이며 차별이다. 국가를 전복하려 한 것도 아니고 사회적 해악을 끼친 바도 없다. 단지 주류 정서상 정치사회적으로 용인하기 어렵다는 것이다.

모든 사람은 사상과 양심의 자유를 가진다. 자기만의 가치관 속에서 형성한 주관적인 견해 자체가 문제되지는 않을 것이다. 각자가 가지고 있는 신념과 의견은 존중되어야 한다. 진화 과정에서 그런 건지는 모르겠지만, 미래를 알 수 없는 인간은 몇 가지 선행된 특징을 포착해서 '성급히 일반화'한 후 빠르게 단정한다. '정상'의 범주를 벗어나는 타자나 잘 알지 못하는 집단은 무의식 중에 위험하다고 느낀다. 코로나 속에서 일대일 대화를 하는 모습만 봐도 그렇다. 가족이나 자주 보는 친구, 동료와 대화할 때는 처음 보는 사람을 만나 대화할 때보다 마스크를 더 쉽게 벗는 경향이 있다. 코로나에 감염되었을 가능성은 친소와는 관계가 없는데도 말이다. 우리는 잘 알지 못하는 누군가에게 막연한 두려움을 느낀다.

내가 잘 알지 못하는, 나와 다른 존재나 집단에 대한 성급한 판단은 다른 사람이나 대상을 받아들이지 못하게 만들 수도 있다. 편견, 선입견, 고정관념이 강화된다. 부정적인 감정도 생겨 혐오감으로 발전하기도 한다. 논리보다 정서가 앞선다. 그것이 표출되어 차별적 행동으로 나타나, 타자의 존재 자체에 대한 배제가 된다면 차별이 될 수 있다. 혐오 표현과 행동으로 표출될 때 평등은 배격된다.

동일한 처지와 경험을 직접 겪어야만 차별을 깨닫는 건 아닐 것이다. 직접적인 체험이 없이도 사회적인 태도만큼은 다르게 내보일 수 있다. 내게 없는 어떤 특성을 가진 사람, 그 사람이 묶인 집단이 처한 상황을 이해하려는 역지사지의 자세만으로도 우리가 가진 일관된 선입견과 단정적인 결론에 영향을 줄 수 있다. 자신의 생각을 바꾸지 않아도, 내면 깊이 동감하지는 못해도 '그럴 수도 있지' 하며 말할 수 있지 않을까. 알고 있는 지식의 한계를 인식하고, 내가 가진 의견이 언제나 맞지 않을 수 있다고 여기는 개방성이 차별과 혐오로 가는 길을 막는 데 도움이 될 것이다.

인간이 지금까지 만들어낸 헌법의 추상적인 문장들은 타인의 주장을 관용적으로 이해하려던 시도이자 기준일지 모른다. 생각도 생김새도 다른 사람들이 유일하게 합의한 것은 헌법이라는 공통의 언어이며, 그 헌법의 문장 안에서 우리는 서로의 주장과 논리를 이해할 수도 있다. 논리보다 헌법 안에서 상대방의 의견을 이해해보려는 마음과 자세가 혐오와 배제를 내려놓을 수 있게 할지 모른다.

나와 다른 타인을 보고 배타적인 생각과 불편한 감정이 들더라도 그 감정을 잠시 내려놓고 타인의 입장이라는 다른 자리에 앉아 달리 생각해보는 것, 헌법이라는 같은 언어로 타인을 이해하는 것, 인권 침해가 수시로 발생하지 않는 '평범한 보통 사람'들이 크고 작은 인권 침해를 겪으며 상처받고 살아온 소수자를 환대하는 것, 나 살기도 바빠 타인을 생각하는 게 사치같이 느껴지지만 사회적 약자의 소리가 울려퍼질 때 귀 기울여주는 것이 필요하다. 그래야 차별과 혐오를 넘어서 서로의 차이를 이해해 평등의 계절을 앞당길 수 있을 것이다. 헌법이라는 모두의 언어는 이런 열린 태도를 담아낸 것이 아닐까.

4부

권리는 법률로써 보장할 수 있으며

8장. 법률 공장을 포기하지 않는다면

유시민과 나경원의 법률 논쟁

2018년 대통령 개헌안에서는 토지공개념을 강화하는 대안도 포함됐다(개헌안 128조 2항). 사회적으로 불평등이 심화되는 문제를 해소하기 위해 토지의 공공성과 합리적 사용을 위하여 필요한 경우에만 법률로써 특별한 제한이나 의무를 부과할 수 있도록 명시하는 것이다.

헌행 헌법 제122조 국가는 국민 모두의 생산 및 생활의 기반이 되는 국토의 효율적이고 균형있는 이용·개발과 보전을 위하여 법률이 정하는 바에 의하여 그에 관한 필요한 제한과 의무를 과할 수 있다.

개헌안 제128조 ① 국가는 국민 모두의 생산과 생활의 바탕이 되는 국토의 효율적이고 균형 있는 이용·개발과 보전을 위하여 법률로 정하는 바에 따라 필요한 제한을 하거나 의무를 부과할 수 있다.

② 국가는 토지의 공공성과 합리적 사용을 위하여 필요한 경우에만 법률로써 특별한 제한을 하거나 의무를 부과할 수 있다. 국가는 토지의 공공성과 합리적 사용을 위하여 필요한 경우에만 법률로써 특별한 제한을 하거나 의무를 부과할 수 있다.

개헌안의 토지공개념을 두고 토론이 벌어졌다. 유시민 작가와 나경원 전 의원이 '법률'이라는 한 단어를 놓고 벌인 설전이었다. 유시민 작가는 노무현 정부 시절 보건복지부 장관과 국회의원을 지냈고《후불제 민주주의》라는 헌법 에세이를 쓴 지식인이지만 법률 전문가는 아니다. 서울행정법원 판사를 역임했던 당시 나경원 의원은 2002년 대선을 앞두고 대법관 출신인 이회창 후보의 여성특보로 정계에 입문해서 국회 법제사법위원회에서도 활동했다.

1차전은 2018년 4월 17일 "30년만의 개헌 가능할까"라는 주제로 진행된 MBC의 〈100분 토론〉에서 있었다. 개헌안에 반대하는 패널인 나 의원은 128조 2항 신설, 즉 현행 122조를 고치는 것을 반대했다. 토지공개념을 강화하는 개헌안이 과도하게 사유재산권을 침해할 수 있고, "토지의 공공성과 합리적 사용"이라는 문구가 모호해서 법정책이 자의적으로 집행될 수 있다는 것이 근거였다.

토론은 엉뚱하게 흘러갔다. 나 의원은 개헌안 128조 2항에는 '법률로써'가 빠져 있어서 헌법적으로 문제라 했다. 반면 개헌안 찬성 측은 개헌안 128조 2항에 '법률로써'가 들어 있어 재산권을 적절히 제한하는 것이 가능하다고 주장했다. 청와대가 처음 발표한 개헌안 초안에서는 이 문구가 없었지만 대통령이 정식으로 발의해 국회에 공식적으로 제출한 개헌안에는 '법률로써'가 이미 명시되어 있었다. 해프닝으로 끝났다.

며칠이 지나 나 의원과 유 작가는 JTBC 〈썰전〉에서 다시 만났다. 유 작가는 현행 헌법 37조 2항에 국민의 모든 자유와 권리는 법률로써 제한할 수 있다는 포괄적인 규정이 이미 있어 문제가 없다고 주장했다. 개헌안 128조에 '법률로써'라는 문구가 없어도 37조를 적용하면 된다는 것이다. 다만 국회에 제출하기 전 법제 심사 과정에서 논란을 염려해서 중복이더라도 삽입한 것이라는 의견을 냈다.

반면 나 의원은 현행 헌법 37조 2항의 '법률로써'는 기본권 조항(10조부터 37조까지)에만 적용된다고 설명했다. 경제질서 조항(개헌안 128조)에 현행 37조 2항이 적용되는지에 대해 헌법학계의 논쟁이 있어 불분명하므로 기본권 조항이 아닌 경제 질서 조항에도 명확하게 '법률로써' 규정을 두는 게 맞다고 반박했다.

자유와 권리는 법률로써 제한할 수 있으며

웃으며 지나칠 수도 있는 논쟁이지만, 법률이란 단어의 존재 감이 드러났다. '법률로써'를 썼는지는 헌법에서 무얼 의미할까. 우리 헌법 10조(인간의 존엄과 가치, 행복추구권)부터 37조 1항(열거되지 않은 기본권)까지는 여러 기본권 조항이 규정되어 있다. 모든 기본권에 적용되는 37조 2항을 보면 자유와 권리는 '법률로써'만 제한할 수 있다고 쓰여 있다.

> **헌법 제37조** ② 국민의 모든 자유와 권리는 국가안전보장·질서유지 또는 공공복리를 위하여 필요한 경우에 한하여 법률로써 제한할 수 있으며, 제한하는 경우에도 자유와 권리의 본질적인 내용을 침해할 수 없다.

이 문장 중에서 '법률로써'는 헌법상 '법률유보 원칙'을 담고 있다. '법률로써'가 있는지는 헌법에 법률유보 원칙을 명시했는지 따지는 것이다. 이 쟁점을 다루려면 법률유보 원칙이 헌법에 '명시되어야만' 적용되는 원칙인지도 검토해야 한다.

국민의 자유와 권리를 제한하거나 의무를 부과하는 법제도를 정부가 임의로 만들어서 집행하거나 법원이 자의적으로 해석해서 판결할 수는 없다. 시민에 대한 권익 제한과 의무 부과는 국회가 만드는 법률로써만 해야 한다. 의회는 국민들의 여러 시각을 대표하는 다양한 정치세력이 토론하고 타협해서 적절한 법률을 만들어낸다는 장점이 있다. 장점은 단점으로도 변질된다. 법을 제정하고 개정하기 위해서는 국회 정치세력 간 합의와 타협이 필요해서 논의와 절차가 오래 걸린다. 사회경제적 여건과 정책 환경, 기술 수준이 빠르게 변화하는 현대 사회에서 다양한 분야의 입법 내용을 '느린 국회'가 다 일일이 정하고 바꾸는 것은 분명히 한계가 있다.

이에 현대 헌법에서는 '의회가 만드는 법률로써만'이라는 원칙을 살포시 내려놓고 한발 뺀다. 이게 법률유보 원칙이다. 중요하고 본질적인 대강의 내용만 국회가 법률로 확보해서 정하면 된다는 것이다. 나머지 본질적이지 않거나 자세한 내용, 기술적이거나 전문적인 세부 사항은 국회가 만드는 법률이 아닌 정부가 만드는 하위법령에 위임해서 규정한다. 하위법령은 국무회의 심의만 진행되면 국회를 거치지 않고 발효될 수 있는 대통령령(시행령)과 국무회의 심의도 없이 총리와 장관이 발령할 수 있는 총리령과 부령(시행규칙)이 있다.

> **헌법 제88조** ① 국무회의는 정부의 권한에 속하는 중요한 정책을 심의한다.
> ② 국무회의는 대통령·국무총리와 15인 이상 30인 이하의 국무위원으로 구성한다.
> **제89조** 다음 사항은 국무회의의 심의를 거쳐야 한다.
> 1~6. 〔생략〕

3. 헌법개정안·국민투표안·조약안·법률안 및 대통령
령안

7~17. 〔생략〕

법률유보 원칙은 행정청의 처분 같은 국가작용이 국회가
만드는 법률이란 형식이 허용한 범위 안에서만 행사되어야지,
법률이 허락한 영역을 넘어서서 정부가 자기 권력을 자의적으
로 행사할 수는 없다는 뜻이기도 하다. 법률에 따라 국가권력
이 집행돼야 한다는 법치주의에서 비롯됐다. 법률이 하위법령
의 공간을 허락하지 않았음에도 정부가 법률의 범위를 벗어나
하위법령을 제정하면, 설령 국민들을 위해 필요한 것이라도
위헌이 된다. 정부는 마음대로 하지 말고 국회의 법률에 따라
일하라는 것이다.[153]

———

법률 공장 국회

한편 법률유보 원칙에게는 동생 같은 원칙이 하나 있다. 법률
에서 하위법령에 '위임'할 때는 대략적인 규정도 없이 '포괄적
으로' 대통령령, 총리령, 부령 같은 하위법령에 '모두 위임하
면 안 된다'는 '포괄위임입법 금지 원칙'이다. 그러니까 국회가
대통령과 정부에 법률로 권한을 위임할 때는 포괄적으로 하지
말고 구체적으로 범위를 정하라는 것이다.

헌법 제75조 대통령은 법률에서 구체적으로 범위를 정하여 위임받은 사항과 법률을 집행하기 위하여 필요한 사항에 관하여 대통령령을 발할 수 있다.

제95조 국무총리 또는 행정각부의 장은 소관사무에 관하여 법률이나 대통령령의 위임 또는 직권으로 총리령 또는 부령을 발할 수 있다.

법률유보 원칙이나 포괄위임입법 금지 원칙이 중요해지는 이유는 국회보다 정부로 힘이 쏠리는 '행정국가 현상' 때문이다. 전문적인 지식과 막강한 권한을 가진 기술관료의 입김이 세지는 테크노크라시technocracy 현상이 전 세계적으로 나타난다. 권위주의를 겪은 우리는 관료의 권한이 본래 강하다. 의회가 이러한 헌법상 원칙에 따라 정부를 견제할 수 있도록 하는 것이다.

한편 법률유보 원칙이 제한되어 작동하는 분야도 있다. 엄격하게 법률로써만 법 내용을 만들어야 한다는 영역은 대표적으로 형사와 조세 분야다. 두 영역에서는 함부로 대통령령 같은 하위법령에 위임할 수 없다는 '법률주의'가 엄격히 적용된다. 국가가 신체의 자유를 제한해서 시민에게 징역형을 부과하거나 재산권을 제약해서 벌금형을 부과하려면 미리 정한 법률에 따라서만 해야 하고 그렇지 않으면 처벌할 수 없다는 것이 법률주의를 포함하는 형사법의 핵심 원칙인 죄형법정주의다. 헌법 12조 1항만 보아도 "법률에 의하지 아니하고는"이라는 문구가 두 번이나 나올 정도로 신체의 자유에서는 죄형법정주의가 엄격하게 선언된다. 국가가 국민에게 세금을 걷을 때도 법률에 미리 과세요건 같은 내용을 명확하게 규정해두지 않으면 징수할 수 없다는 것이 조세법률주의다.

앞의 토론으로 돌아오자. 어느 쪽 견해가 더 설득력이 있을까. 나경원 전 의원의 언급처럼 반드시 경제질서 조항인 개헌안 128조(현행 헌법 122조)에 '법률로써'를 규정해야만 하는 것은 아니다. 이는 법치주의에 따른 법률유보 원칙의 적용 범위를 고려하지 않은 형식적인 논리다. 토지공개념은 헌법 23조에 따른 재산권의 제한에 대한 것이다. 재산권도 다른 기본권과 마찬가지로 헌법 37조 2항에 따른 '법률로써'에 근거한 법률유보 원칙이 적용된다. 즉, 개헌안 128조 2항에 '법률로써'를 별도로 적지 않아도 재산권을 제약하는 토지공개념이 담긴 법률에는 법률유보 원칙이 적용될 수밖에 없다. 명문으로 둔다고 해도 '법률로 정하라'며 다시 한번 확인하는 의미가 강하다.

현행 헌법 전문, 130개의 조條로 이루어진 헌법 본칙, 6개의 조로 구성된 헌법 부칙의 각 문장은 별개의 것 같지만 의미가 서로 연결되어 있다. 하나의 숲으로서 '헌법'을 이룬다. 결론을 한마디로 하자. 국민의 재산권에 대해서는 법률로써 제한할 수 있다.

다만 나 의원의 주장은 '법률'을 강조했다는 점에서 다시금 곱씹어보게 된다. 헌법 23조 1항과 2항을 다시 읽어보자.

헌법 제23조 ① 모든 국민의 재산권은 보장된다. 그 내용과 한계는 법률로 정한다.

② 재산권의 행사는 공공복리에 적합하도록 하여야 한다.

개헌안 128조 2항에 '법률로써'를 적든 말든 헌법 23조는 재산권의 내용과 한계는 법률로 정한다고 했다. 법률은 누가 어디서 정하나. 국회의원이 국회에서 정한다. 토지공개념 같은 정책을 추진하는 정부, 재산권에 대한 법적 해석권한을 가진 법원보다는 법률제정권을 가진 의회의 권한을 헌법이 더욱 강조했다고 해석할 수 있다.[154] 부동산 문제가 만성질환이 된 이 나라에서 토지의 공공성을 지켜내는 역할은 국회가 나서야 할 몫이다.

법률이 필요한 기본권

법률유보 원칙과 포괄위임입법 금지 원칙과 같이 법형식에 관한 기준은 기본권이 법률이라는 수단을 통해 잘 만들어졌는지를 심사하는 대표적인 헌법의 잣대가 된다. 국회가 만든 법률에 따라 기본권의 내용이 좌우되는 분야가 있다. 특히 인간다운 생활권이 그렇다. 인간다운 생활권은 현재 국민기초생활보장법 같은 법률이 그 내용을 구체화하고 있다.

국민기초생활 보장법은 IMF 외환위기 때문에 등장했다. 1998년 한국의 중산층은 무너졌다. 빈곤층이 급격히 늘어났다. 김대중 정부는 대책을 세웠다. 1961년 제정되어 그때까지 시행되던 생활보호법을 폐지하고, 생활이 어려운 사람들의 인간다운 생활을 보장하기 위해 1999년 국민기초생활 보장법을 추진해서 2000년에 시행했다.

생활보호법에서 국민기초생활 보장법으로 바뀐 의미를 보통 인간다운 생활이 '시혜'에서 '권리'로 인정된 것이라 표현한다. 국민이 국가에게 인간다운 생활을 요구하는 것은 국민의 기본권임이 법률로 분명해진 것이다. 물론, 국민기초생활 보장법도 완벽한 법이 전혀 아니었다. 보장을 받는 시민들의 범위가 좁고 규율 내용도 헐거웠다. 하지만 연령이나 신체적 노동 능력과 상관없이 모든 국민이 갖는 인간다운 생활을 할 권리를 구체적으로 실현하려는 첫 시도였다.

제헌 헌법 제19조 노령, 질병 기타 근로능력의 상실로 인하여 생활유지의 능력이 없는 자는 법률의 정하는 바에 의하여 국가의 보호를 받는다.

현행 헌법 제34조 ① 모든 국민은 인간다운 생활을 할 권리를 가진다.
② 국가는 사회보장·사회복지의 증진에 노력할 의무를 진다.

③ 국가는 여자의 복지와 권익의 향상을 위하여 노력하여야 한다.

④ 국가는 노인과 청소년의 복지향상을 위한 정책을 실시할 의무를 진다.

⑤ 신체장애자 및 질병·노령 기타의 사유로 생활능력이 없는 국민은 법률이 정하는 바에 의하여 국가의 보호를 받는다.

우리 헌법은 전문前文에서 "안으로는 국민생활의 균등한 향상을 기"할 것을 명시했다. 1961년 5·16 군사쿠데타 이후 이루어진 1962년 5차 헌법 개정 때 인간다운 생활권 규정이 신설됐다. 아울러 국가의 국민에 대한 의무로서 사회보장·사회복지를 증진할 노력의무, 여성의 복지와 권익의 향상에 대한 노력의무, 노인과 청소년의 복지향상을 위한 정책을 실시할 의무, 생활무능력 국민에 대한 국가의 보호의무, 재해위험의 예방과 보호의무를 명시했다. 특히 생활능력이 없는 국민에 대한 국가의 보호의무는 제헌 때부터 있었다.[155]

인간다운 생활을 할 권리. 결국 생활권이다. 1990년대까지만 해도 헌법 이론서 중에 상당수는 이 조항을 국가가 기속되는 국민의 기본권이 아니라 헌법이 나아가야 할 방침이나 목표로만 여겼다. 국가가 '모든 국민의 인간다운 생활'을 이뤄내면 좋고 도달하지 못해도 어쩔 수 없다는 의미가 담긴 해석이다. '인간다운'이라는 추상적인 수식어 때문에 이 기본권은 우리 헌법에 처음 적힌 때부터 기본권이 아니라는 의심을 받았다.

그 의심은 외국 헌법과의 비교에서 비롯됐다. 인간다운 생활권 조항은 독일 기본법(헌법)에도 미국 헌법에도 없다. 특히 독일 헌법에서는 인간다운 생활권 같은 기본권이 규정되어 있지 않다. 기본권 조항 대신 '사회국가 원리'라는 국가의 근본적 원리를 규정한다. 기본권 조항이 없고 사회국가 원리만 규정된 독일 헌법 이론에 따라 우리 헌법의 인간다운 생활권은 제대로 된 권리가 아니라는 견해도 존재한다. 그러나 독일 헌법학 이론을 지우개 삼아 '권리'라 쓰인 한국 헌법의 문장을 지울 수 없을 것이다. 다만 이 특이한 기본권의 내용은 법률을 어떻게 만드느냐에 따라 달라진다. 그 법률이 1961년에 제정된 생활보호법이었다.

아홉 기둥의 한 목소리

1999년 폐지된 생활보호법에서 보호를 받을 수 있는 '보호 대상자'는 이 법이 처음 만들어졌던 1961년과 1999년을 비교해 봤을 때 약 40년 가까운 세월이 흘렀지만 별반 차이가 없었다. 65세 이상의 노쇠자, 18세 미만의 아동, 임산부, 질병, 장애로 인해 근로 능력이 없는 자 등이 이 법의 적용 대상들이었다. 법 명칭처럼 국가는 생활을 보호해야 하는 몇몇에 대해서만 생색을 내며 '보호 대상'으로만 여겼다. 국가가 몇몇 국민에게 선별적으로 은혜를 베푸는 복지 혜택에 지나지 않았다. 그러니 생활보호법은 모든 국민이 국가에게 요구할 수 있다는 기본권을 반영한 것이라 볼 수 없었다. 전체 국민의 권리를 보장하는 법률의 모습이 아니었다. 즉, 생활보호법은 우리 헌법상 인간다운 생활권을 구체화하는 법률이 되지 못했다는 비판을 받았다.

생활보호법도 헌법의 심판대에 오른 적이 있다. 이 법의 보호 대상자로 정해진 노부부는 1994년 당시 생활보호사업지침에서 정한 생계보호 기준에 따라 지급된 급여가 최저생계비에도 미치지 못해 인간다운 생활권을 침해한다고 헌법소원을 제기했다.[156]

1994년 당시 2인 가구의 최저생계비는 대도시에서는 매월 38만 원, 농어촌에서는 30만 8,000원 정도였다. 헌재는 여러 제도를 종합하면 인간답고 건강하게 문화생활을 할 수 있도록 국가가 보장하고 있다고 판시했다. 청구인들에게는 식비, 연료비를 합쳐 매월 1인당 금 6만 5,000원 정도의 생계보호급여가 생활보호법에 따라 지급됐다. 70세 이상의 보호 대상자 노인에게는 노령수당으로 1인당 월 1만 5,000원이 지급됐고, 65세 이상 노인에게는 1인당 월 3,600원 상당의 교통비가 지급됐다. 최저생계비에도 미치지 못하는 급여인데도, 여러 복지제도를 종합하면 인간다운 생활권을 침해하지 않는다고 판시했다. 이 생활보호법 사건은 1997년에 합헌으로 선고됐고 9명 재판관의 만장일치였다. 반대의견은 전혀 없었다.

헌법은 인간다운 생활권을 규정하고 있었지만 1999년까지 생활보호법은 존속했다. 심하게 말하면 21세기에 다다르도록 헌법에 규정된 인간다운 생활권은 기본권이 아니었다. 국가는 인간다운 생활권을 통해 법제도를 제대로 만들 의무가 있었으나 지키지 않았다. 이 권리가 필요 없는 사람들은 기본권을 기본권으로 여기지 않았고 이 기본권이 필요한 사람들은 정작 기본권이라 부르지 못했다. 일부 법률 전문가들도 이 권리가 절박하게 필요한 사람들에게 권리라 부를 기회조차 주지 않았다. 국가에게 국민이 요구할 수 있는 제대로 된 기본권으로 인정하지 않은 것이다.

국민기초생활 보장법의 제정은 생활보호법이 방치된 만큼 오래 기다렸던 '지연된 입법'이었다. 이 법이 만들어져 새로 시행됐지만 권리 보장의 수준과 범위가 기대했던 것보다 확장되지 못했다. 복지 사각지대가 여전히 존재하자 국민기초생활 보장법도 인간다운 생활권을 제대로 보장하지 못해 위헌이라는 비판이 제기됐다. 이 법률에 핵심 내용을 규정하지 않고 하위법령에 위임해버렸다는 법체계적인 잘못도 지적됐다.

국민기초생활 보장법은 인간다운 생활권을 침해한다는 이유로 여러 번 헌법재판소에 넘겨졌다. 그중 2004년과 2012년에 선고된 헌재의 두 결정은 인간다운 생활이 제대로 보장되고 있는지, 이 법이 충분하게 만들어지지 않아 인간다운 생활권을 침해하고 있지는 않은지에 대해서 판단했다.[157]

2004년 국민기초생활 보장법 사건에서 위헌 여부가 다퉈

진 대상 규정은 최저생계비 고시였다. 생계보호 기준이 문제된 1997년 생활보호법 사건과 비교할 때 그 대상은 달랐다. 그러나 논리는 비슷했고 결과는 같았다. 헌재는 생활능력이 없는 국민이나 장애인의 최저생활 보장 수준을 결정하는 권한은 국회나 정부가 가지는 광범위한 재량권에 맡겨져 있다고 설시했다. 헌재는 국가가 가지는 재량권을 존중해서 최소한의 보호조치를 다했는지만 심사하겠다는 기준(과소보호 금지 원칙)을 제시했다. 국민기초생활 보장법의 생계급여뿐만 아니라, 다른 제도에 따라 국가가 국민에게 지급하는 각종 급여나 여러 부담의 감면 등을 종합해서 판단했다. 다시금 모든 재판관이 헌법에 합치한다고 결론을 냈다.[158]

8년 후 2012년 헌재가 국민기초생활 보장법에 대해 판단한 다른 사건도 전체적인 논리는 앞선 두 사건과 유사했다.[159] 인간다운 생활을 위한 객관적인 내용의 최소한은 국가가 법률로 보장하고 있으므로, 국민기초생활 보장법이 인간다운 생활권을 침해하지 않아 합헌이라고 판시했다.

역시 2012년 사건도 재판관 9명 전원의 일치된 합헌 결정이었다. 1994년에 제기된 생활보호법 사건까지 포함하면 세 번 모두 재판관들이 달라 27명의 논거와 결론이 동일했다. 더 이상 자기 힘으로 생활할 수 없는 국민들에게 인간다운 최소한의 생활을 보장하는 것만큼은 재판관 전원이 이견 없이 명확하고 일관되게 정부의 손만 들어주었다. 여지가 없었다.

특이했다. 양심적 병역거부, 국회의원 선거구제, 간통죄,

낙태죄, 시각장애인 안마사 사건[160]처럼 동일하거나 비슷한 쟁점에 대해 여러 번 재판한 사건에서 재판관들의 의견은 항상 다양했고 시기에 따라 변화한 것과 대조적이다. 1994년 생활보호법 사건이 접수되어 2012년 선고된 사건까지 약 20년 가까운 세월 동안 세 번의 결정에서 서로 다른 27명의 재판관은 반대의견이나 별개의견, 변형된 결론 없이 마치 한 사람이 재판한 것처럼 같은 논리 선상에서 똑같은 판단을 했다. 그동안 국민들은 IMF 외환위기와 2009년 금융위기를 견디며 살아냈다.

사회보장법을 전공한 입장에서 솔직한 느낌을 말하면, 우리나라는 비슷한 경제력을 가진 다른 나라에 비해 국민의 최저 생활수준이 어느 정도여야 하는지에 대해 큰 관심이 없는 것 같다. 헌법기관들도 마찬가지다. OECD에 가입된 나라에서 헌법 34조 1항에 규정된 인간다운 생활권을 법률이 제대로 실현하는지, 현재 대한민국에서 헌법상 인간다운 생활의 최저 수준을 파악해 따져 묻지 않았고 면밀하게 심사하지 않았다.[161]

국부는 증가했는데 빈곤층도 확대됐다. 이러한 불일치는 잘못됐다며 목소리조차 제대로 내지 못하는 가장 힘겨운 사람들이 있다. 국가가 이들의 인간다운 생활권을 법률로 보장하고 있는지 헌법소송이 수차례 제기됐다. 그때마다 헌법재판소 자신은 판단할 전문성이 없으니, 공공부조 같은 복지정책은 국회와 정부의 소관이라는 입장을 지금껏 전제해왔다. 사회경제적 소수자들의 인권에 대해 국회와 정부가 움직이지 않을 때 사법기관은 그것이 자신의 소관이 아니라고만 할 수 있을까. 헌재가 다른 가능성을 언급했다면 경제적 약자들이 보호받을 수도 있지 않았을까.

헌법재판관은 보건복지부 장관도 아니고 보건복지위원회 소속 국회의원도 아니다. 국가재정이나 다양한 정책 환경을 고려해서 정치적 타협을 하고 절충적인 법을 만드는 자리도 아니다. 그러나 개별 정책 분야의 전문성은 부족할지 몰라도 법률 지식과 경륜을 가진 대한민국 최고의 공법 전문가들이다. 인간다운 생활권을 주장해야만 살 수 있는 사회경제적 약자들에 대해 만들어진 복지에 관한 법률이 헌법에 맞는지 규명하기 위해 구체적으로 헌법을 파고들어 면밀하게 재단하는 자리다. 관심만 있다면.

인간다운 생활권의 구체적인 내용을 만들 권한은 우선 정부와 국회가 가진다. 그러나 마지막 순간에 헌법의 위반 여부를 가려낼 책임은 헌법재판소에 있다. 지금까지 헌재는 헌법 34조 1항의 기본권에 대한 위반이 없었다는 불변의 선언을 하는 막다른 좁은 골목의 단단한 벽 같았다. 그 벽 밑 어두운 사각지대에서 생활고를 견디지 못하고 끝내 세상을 떠났던 '송파 세 모녀' 같은 빈곤층은 냉엄한 삶을 마주했다.

국민기초생활 보장법 사건

2012년 국민기초생활 보장법 사건에서는 재산을 소득으로 환산해서 기초생활급여 지급 여부에 반영하는 제도가 인간다운 생활권을 제대로 보장하는 것인지, 이 제도를 법률이 아닌 하위법령에서 규정한 것이 법 형식에 맞는지를 모두 심사했다. 이 법의 주요 제도 중 하나인 소득인정액제도에 대해 법 내용과 법 형식의 두 측면에서 헌재가 모두 판단한 것이다.

국민기초생활 보장법은 소득이 없는 어려운 사람들에게 헌법상 인간다운 생활권에 따라 기초생활급여를 주기 위해 만들었다. 그러나 소득이 없고 생활능력이 없는 모든 국민들에게 기초생활급여를 주는 것은 아니다. 소득이 없더라도 '재산이 조금 있을 때'는 재산을 소득으로 환산해서 반영해 수급 여부를 판정한다. 이 법에서 그것을 재산의 소득환산액이라 정의한다. '재산의 소득환산액'과 가구별 소득을 평가하는 '개별가구의 소득평가액'을 합쳐서 '소득인정액'을 산정한다. 아래 정의 조항에 그렇게 규정됐다.

구 국민기초생활 보장법[162] **제2조** (정의) 이 법에서 사용하는 용어의 정의는 다음과 같다.

1~7. 〔생략〕

8. "소득인정액"이라 함은 개별가구의 소득평가액과 재

산의 소득환산액을 합산한 금액을 말한다.

9. 〔생략〕

10. "재산의 소득환산액"이라 함은 보장기관이 급여의 결정 및 실시 등에 사용하기 위하여 개별가구의 재산가액에 소득환산율을 곱하여 산출한 금액을 말한다. 이 경우 개별가구의 재산범위·재산가액의 산정기준 및 소득환산율 기타 필요한 사항에 관하여는 보건복지부령으로 정한다.

11. 〔생략〕

소득을 재산으로 환산하고 평가해본 결과 재산의 소득환산액이나 소득평가액이 커서, 소득인정액이 일정한 기준을 넘으면 기초생활급여를 주지 않는다. 소득인정액 기준을 초과하지 않아야 기초생활급여를 받는 것이다.

사실 소득인정액제도는 예전 생활보호법의 문제점을 고친 제도였다. 생활보호법 시절에는 기준이 형평에 맞지 않았다. 소득과 재산이 별개 기준으로 작용해서 대상자를 선정할 때 불합리한 점이 있었다. 그래서 재산을 소득으로 환산해서 인정하는 소득인정액제도를 도입한 것이다. 1999년 생활보호 대상자 선정 기준을 보면 "소득 23만 원 이하 및 재산 2,900만 원 이하"였다. "소득이 없고 재산이 2,900만 원을 겨우 초과하는 사람과 소득이 겨우 23만 원을 초과하나 재산이 전혀 없는 사람은 생활보호 대상자로 선정될 수 없었던 반면에, 소득이

22만 원에 재산이 2,800만 원인 사람은 대상자로 선정될 수 있었기 때문에" 상대적으로 형편이 나은 가구가 생활보호 대상자로 선정되고 더 어려운 가구가 보호받지 못했다.[163]

헌법재판소는 2012년 사건에서 국민기초생활 보장법은 소득이 있는 사람이나 재산을 보유하고 있는 사람은 생활능력이 있다고 전제했다. 생활능력이 없는 국민에 대해서만 도움을 주는 보충적인 제도임을 고려했다.[164] '보충성'은 스스로 생계능력이 있다고 여겨지면 기초생활급여를 주지 않겠다는 것이다. 집이나 자동차가 있어 그 재산을 팔거나 재산으로 수익을 내서 생계를 유지할 수 있는 사람은 제외하려는 취지다. 보유 재산은 자활 노력에 활용될 수 있다고 전제한다.

헌재는 재산을 소득으로 바꿔 계산해서 소득인정액에 포함하는 것 자체는 최저생활 보장 수준을 지켜야 하는 입법자의 재량권 범위를 명백히 일탈한 것은 아니라고 봤다. 일정한 재산을 소유한 사람은 재산을 처분해서 스스로 생계유지를 할 수도 있기 때문이었다. 그를 수급권자의 범위에서 제외하기 위해 수급 신청인이 가진 재산을 소득으로 환산해서 수급 여부에 반영하는 것은 헌법재판소가 객관적으로 볼 때 합헌이라 판단했다.

이 사건에서 법률유보 원칙과 관련이 있는 포괄위임입법 금지 원칙 위반 여부에 대한 심사도 이루어졌다. 앞서 보았듯이 이 원칙은 법률에서 모두 규정하지 못한 자세한 내용을 하위법령에 위임할 때 대강의 내용을 법률에서 정해야 한다는

4부. 권리는 법률로써 보장할 수 있으며

것이며, 포괄적으로 하위법령에 위임해서는 안 된다는 것이다. 보통 포괄위임입법 금지 원칙의 위반 여부를 심사할 때 두 가지 세부 잣대를 사용한다. ① 하위법령에 위임할 필요성이 있는지 ② 법률만 보고도 하위법령의 내용을 대강이라도 예측할 수 있는지가 그것이다.

① 먼저 헌재는 소득환산 대상이 되는 재산 범위를 법률에 규정하지 않고 하위법령에 위임할 필요가 있는지에 대해 다루었다. 이 법은 특이한 입법체계를 갖고 있었다. 이 법률의 주요 내용이 소득환산 대상의 재산 범위인데, 이를 하위법령 중에서도 대통령령(시행령)이 아닌 보건복지부령(시행규칙)에 위임해서 규정했다. 헌재는 국가의 재정 상황, 수급권자 범위, 물가 변동처럼 정책 환경에 능동적으로 대처하고, 재산 범위를 지방세법 등과 통일적으로 규율해서 부정수급을 막으려면 어쩔 수 없이 위임이 필요하다고 판시했다.

② 또한 입법 취지를 종합적으로 고려하면, 하위법령에 정해질 내용인 소득환산 대상이 되는 재산 범위에 기본적인 생활을 영위하는 데 기여하는 사용·수익이 가능한 재산이 포함될 것을 알 수 있는 점, 주거용 주택의 소유 여부가 수급권자를 선정할 때 하나의 기준이 될 것이라는 점, 이 법에서 '개별가구의 소득평가액'에 임대소득이 포함되는 것과 형평성을 고려할 때 사용·수익이 가능한 주거용 주택이 소득환산 대상 재산에 포함될 것이라는 점을 충분히 예측할 수 있다고 했다.[165]

재판의 속도, 입법의 속도

그러나 헌재는 이 결정에서 포괄위임입법 금지 원칙을 제대로 적용하지 않았다고 볼 수 있다. ①에 대해 다시 보자. 누가 수급권자에 해당하는지, 수급권자 선정 기준을 어떤 방식으로 해서 구체적으로 산정하는지가 이 제도의 핵심이다. 각 개인의 재산 상태를 확인하는 것과 신청인이 수급 대상자에 포함되는지를 판정하는 것은 신청인의 기본권 보장 여부와 직결된다.[166] 제도의 핵심 내용은 하위법령에 포괄적으로 위임하지 말고 법률에 대략적인 내용이라도 규정할 필요가 있다. 국민의 대표인 국회가 만든 법률에 대강이라도 내용을 규정해야 위헌이 되지 않는다. 법률유보 원칙이나 포괄위임입법 금지 원칙은 법 내용이 헌법에 비추어 타당하냐를 심사하는 것이 아니라, 법 형식을 제대로 갖추었느냐를 심사하는 것이기 때문이다. 즉, 법률에 둘 것을 하위법령에만 두면 아무리 국민들에게 필요한 내용을 규정했어도 위헌이 된다.

또한 수급의 세부 기준이 과학기술 분야처럼 수시로 변화하는 정책 영역에 해당하는 것도 아니다. 당시 보건복지가족부령인 이 법 시행규칙이 2000년 8월 18일 만들어진 다음 10년이 넘도록 별다른 변화가 없었다.[167] 빨리 개정하기 위해 하위법령에 위임할 필요가 적은 것이다. 더욱이 뼈대를 이 법률에 두고 세부 내용을 시행령으로 규정한다고 해서 입법 기술적으로 지방세법 같은 다른 법률과 통일적인 규율을 하는 게 어렵지도 않다.

②에 대해서도 보자. 국민기초생활 보장법은 이를 대통령령(시행령)도 아닌 국무회의도 거치지 않고 장관이 만들 수 있는 보건복지가족부령(시행규칙)에 바로 위임했다. 법률만 봐서는 소득환산 대상이 되는 재산 범위가 어디까지인지, 하위법령에 규정될 내용을 대강도 '예측'하기 어렵다. 그런데 이 판례는 법률에 주거용 주택의 소득환산에 대해 대략적인 규정을 두지 않았음에도 불구하고, 시행규칙에 포함될 내용에 대한 '예측 가능성이 있다'고 판단한다.

이 논증은 포괄위임입법 금지 원칙을 제대로 적용했다고 보기 어렵다. 소득환산액이란 재산에서 기본재산액과 부채를 뺀 나머지 재산에 소득환산율을 곱한 금액을 말하지 않는가. 그런데 기본재산액과 부채의 구체적인 기준 모두 시행규칙에서도 정하지 않았다. 그보다 하위규정이며 국민을 구속할 수도 없는 행정청 내부의 처리 기준인 '보건복지가족부 장관 고시'에 담았다. 고시나 훈령 같은 행정규칙은 법제처 심사조차 거치지 않는다. 하위법령(대통령령, 보건복지가족부령)도 아닌 보건복지부 장관의 '말 한마디'에 따라 헌법상 기본권인 인간다운 생활권의 실현 여부가 좌우된다는 비판이 잇달았다.

헌재가 합헌 결론을 맺었다. 그런데 보건복지가족부를 중심으로 한 정부와 국회가 결국 움직였다. 계속해서 지적이 나오자 국민기초생활 보장법을 개정해서 '법률'에 재산의 소득

환산액 근거와 재산의 범위를 대강 알 수 있게 신설했다.[168]

> **국민기초생활 보장법 제6조의3**(소득인정액의 산정) ② 제
> 2조제9호에 따른 재산의 소득환산액은 개별가구의 재
> 산가액에서 기본재산액(기초생활의 유지에 필요하다고
> 보건복지부장관이 정하여 고시하는 재산액을 말한다) 및 부
> 채를 공제한 금액에 소득환산율을 곱하여 산정한다.
> 이 경우 소득으로 환산하는 재산의 범위는 다음 각 호
> 와 같다.
> 1. 일반재산(금융재산 및 자동차를 제외한 재산을 말한다)
> 2. 금융재산
> 3. 자동차
> ③ 실제소득, 소득평가액 및 재산의 소득환산액의 산
> 정을 위한 구체적인 범위·기준 등은 대통령령으로 정
> 한다.[169]

헌재와 같은 사법부에 사건이 가기 전에 국회나 정부가 나
섰어야 했다. 재판의 속도는 때로 너무나 느리기 때문이다. 헌
법은 인권을 규정했지만 실제 재판에서 그 인권이 '나의 권리'
로 인정받기까지는 오래 걸린다. 성소수자에 관한 군형법 추
행죄 사건도 2002년 합헌 7명 대 위헌 2명으로 합헌결정이,
2011년 합헌 6명 대 위헌 3명으로 합헌결정이, 2016년 합헌
5명 대 위헌 4명으로 합헌결정이 있었다. 또 헌법재판에 계류

중이다. 결론이 어떻게 될지는 아무도 알 수 없다.

소수의 신념을 가진 양심적 병역거부 사건도 2002년 사건이 접수되어 2004년, 2011년 합헌결정을 거쳐 2018년 결정에서야 헌법불합치결정이 나왔다. 경제적 약자와 사회적 소수자의 권리 보호를 위한 헌법재판은 최소 세 번, 20년 정도의 기간이 걸려서 바뀌기도 한다. 앞서 본 것처럼 빈곤층을 위한 기초생활수급 관련 사건은 세 번의 헌법재판에서 결론이 바뀌기는커녕 소수의견조차 없었다. 정치적, 사회적, 경제적으로 힘이 센 사람들의 재판에서도 이런가 싶다.

<hr />

의회주의를 포기하지 않는다면

왜 법률을 만드는가. 국민들의 기본권을 보장하기 위해서다. 국민의 권익과 사회의 공익을 실현하려는 거다. 법률은 헌법에 따라 각종 인권을 보장하도록 만든 것이다.

기본권은 크게 소극적 기본권인 자유권과 적극적 기본권으로 나눌 수 있다. 자유권은 국가가 없어도 마음대로 행사할수 있기 때문에 소극적이다. 자연상태에서도 인간이 가지는권리라 천부인권이라 본 것이다. 국가는 국민들의 자유를 침해하고 방해할 수 있다. 국민들이 국가권력 때문에 자유권을침해당할 때는 국가권력을 제한하는 법률을 만든다. 범죄를저질렀다는 '합리적 의심'을 받는 피의자와 피고인도 국민이므로 무고한 사람이 생기지 않도록 법원 판결이 나올 때까지는 무죄추정 원칙이 지켜지게 형사소송법 같은 법률을 설계한다. 일부 국민만 향유하는 재산권을 다수 국민들과 사회적 공공성을 위해서 제한할 필요가 있으면 이 자유권을 합헌적으로 제한할 수 있는 법률을 만든다. 종합부동산세법이 대표적이다. 법 앞의 평등이 지켜지지 않으면 평등을 실현할 법률을 제정한다. 회사에서 사람을 채용할 때 양성평등이 보장되지 않으면 평등권을 실현하기 위해서 남녀고용평등법을 국회에서 통과시킨다.

사회권이나 절차권, 참정권 같은 적극적 기본권은 자유권과 달리 그 권리를 실현할 수 있는 제도를 국회가 법률로 만들어줘야 국민들이 그 권리를 비로소 행사할 수 있다. 그래서 적극적 권리라 표현한다. 인간으로서 최소한의 생활을 하지 못할 때는 재원을 확보해서 국민기초생활 보장법처럼 최저생계를 보호할 수 있는 급여를 지급하도록 법률을 고친다. 절차권의 경우 예를 들면, 민사소송법에 따른 3심제의 민사재판을 설계해서 국민이 국가에 대해 가지는 재판청구권을 구체적으로 실현하게 한다. 대통령이나 국회의원, 자기가 사는 곳의 자치단체장이나 지방의원을 직접 뽑을 수 있도록 공직선거법을 두어서 선거권을 실행하게 한다.

이러한 법률을 만드는 공장은 하나이기 때문에 힘이 쏠린다. 법률을 제조할 수 있는 곳은 우리나라에 단 하나, 국회밖에 없다. 국회의원과 정부는 법률안을 제출할 수 있다고 규정해서 정부도 법률안 제출권은 있다(헌법 52조). 그러나 어디까지나 '안'을 '제출'할 수 있는 권한일 뿐 제출된 안을 심의해서 실제 법률로 통과시킬지 결정하는 것은 국민의 대표인 국회가 한다.

그래서 정부 공무원과 국회 공무원 사이의 '갑을관계'는 명확하다. 국회의원들이 법률을 만들 때 각 분야의 정책자료와 전담 조직 및 예산이 풍부한 정부 공무원들이 국회에 직접 찾아가 구체적인 내용을 설명하며 도와준다. 국정운영과 정책 추진을 위해 법률이라는 생산품을 만들려는 정부는 국회 문턱이 닳도록 드나들 수 밖에 없다. 각 부처에서 법률을 만들거나 고칠 필요가 있을 때 정부제출안으로 하기 마땅치 않으면 의원들에게 '청부'해서 정부가 아닌 국회의원의 이름으로 입법을 하기도 한다.[170]

분명한 사실은 국회가 제대로 일하게 할 선거권을 가진 건 국민만이 유일하다는 점이다. 국민의 투표행위에 따라 국회의원은 해고될 위험을 가진 4년짜리 비정규직이 될 수도 있고, 묻지마 지지를 받아 흔들리지 않는 권력을 휘두르며 세금만 축내는 하마가 될 수도 있다. 시민들 외에는 아무도 할 수 없다. 국회의원 선거는 4년에 한 번씩 있고 매 선거마다 의원 정수의 40퍼센트를 넘는 초선 국회의원들이 새롭게 수혈되어 물갈이된다. 그럼에도 불구하고 국민들의 국회에 대한 효능감은 언제나 변함없이 낮다. 국민의 기대에 항상 한참 못 미친다. 법률이라는 제품에 국민들이 만족한다면 이렇게까지 될 일이 아니다.

이 글을 읽는 독자들 중에서는 "법률유보 원칙이 뭣이 중헌디"라 말하는 사람도 있을 것이다. 일반인에게 자세히 설명할 필요가 없다고 생각할 수 있다. 그러나 국회의 법률에 직접 규정할지, 유보할지, 아예 언급조차 안 할지는 '진실로 진실로' 중요하다. 국회의 법률은 돈과 힘을 가진 정부를 때로는 이끌고 때로는 견제해서 국민이 주권을 가진다는 헌법의 기본 원리를 실현할 핵심 수단이다. 법률유보 원칙에 따라 대강 내용이라도 국민의 대표가 정하고 통제해야 한다. 주권자의 의사를 대리하는 대의기관으로서 의회를 포기하지 않는다면.

이 글은 2017년 즈음부터 본격적으로 썼다. 세종시에서 공무원으로 한창 일할 때였다. 밤마다 주말마다 틈이 날 때마다 2년 가까이 초고를 만들었다. 나의 게으름 때문이었지만 초안을 재구성하고 편집하는 것도 꽤 오래 걸렸다. 마무리하려 다시 보니 잡념과 짧은 견해도 보이는 것을 뒤늦게 알았다. 이미 출판사와 계약을 했으니 뒤로 물릴 수는 없었다.

그래도 어제보다 오늘의 사유가 한 뼘 자랐다. 개인으로는 그거면 족하다. 욕심을 부린다면 헌법의 대중화에 작은 거름이 되었으면 한다. 이 글을 읽는 사람들이 단편적인 헌법 지식이 아닌, 헌법적 사고 방식을 접해서 토론할 만한 고민거리를 찾기를 바란다. 내가 잘못 짚은 것은 비판해주길 원한다. 이 책에 쓴 문장보다 더 나은 생각과 타당한 헌법의 언어가 세상에 나오기를 바라마지 않는다.

못난 글을 볼 만한 책으로 소복하게 담아주신 오월의봄 식구들과 박재영 대표님에게 깊은 감사를 드린다. 글이 책이 되는 첫 경험은 행복했다. 특히 고마운 것은 편집자 이정신이다. 그는 어지러운 원고를 정리해서 이 책을 끌어냈다. 글을 고치는 지루한 시간도 묵묵히 기다려주었고 복잡한 내용을 요리조리 만지며 전문적인 견해를 제시해주었다. 나의 지적 스승 김수영 목사님은 초고부터 교정까지 첫 일반 독자로 깊이 있는 의견을 주셨다. 법원의 L 판사님과 정부의 C 서기관님도 값진 생각을 보태주었다. 이 분들에게도 특별한 감사를 전한다.

세 학교를 다니며 법학을 배우는 동안 학은을 베풀어주신 은사님들께 이 자리를 빌려 존경의 인사를 올린다. 이 책에서 나타나는 법의 부지不知는 오롯이 나 때문임을 분명히 해둔다. 또한 지금껏 내가 읽은 양서를 써준, 동서고금의 만나지 못한 저자들에게도 예를 표한다. 아내는 글을 쓰고 책을 내는 동안 일을 하며 임신과 출산을 했다. 그러면서도 내내 나를 격려하고 지탱해주었다. 그 고마움에 뭐라 덧붙이기가 어려워서 사랑한다는 말을 쓴다. 자라나는 아이와 가족들, 수식어가 필요 없는 친구들과 동료들에게도 고맙다는 말을 더한다.

한 줄 더 적는다. 왜 그런지 잘 모르겠는데 글을 쓸 때마다 나를 붙잡아 준 박경리 선생의 경구 같은 시구를 읽으며 마치고 싶다.

우리들의 시간

목에 힘주다 보면
문틀에 머리 부딪혀 혹이 생긴다
우리는 아픈 생각만 하지
혹 생긴 연유를 모르고
인생을 깨닫지 못한다

낮추어도 낮추어도
우리는 죄가 많다
뽐내어본들 도로무익徒勞無益
시간이 너무 아깝구나

1 2차 낙태죄 사건(헌재 2019. 4. 11. 2017헌바127).

2 금융감독원 채용 비리 사건. 1심은 서울남부지판 2018. 10. 11.
   2018가합100190, 2심은 서울고판 2019. 7. 10. 2018나2073790.

3 워킹맘 채용 거부 사건 1심(서울행판 2019. 3. 21. 2018구합50376).

4 영업의 자유는 직업선택의 자유를 규정한 조항에서 해석된다. 헌법
   제15조는 모든 국민은 직업선택의 자유를 가진다고 규정하지만 이는
   직업의 자유의 대표적인 내용을 규정한 것으로 본다. 직업의 자유는 영업의
   자유를 포함하는 개념이다.

5 서울대 ○ 교수 성희롱 사건(대판 1998. 2. 10. 95다39533).

6 사실 민법 103조에서 규정한 '선량한 풍속'이 무엇인지 나는 아직도
   모르겠다. 국가가 말하는 '선량한' 것이 모두가 합의하는 선량한 것인지
   알 수 없다. '풍속'은 일상에서 써본 적이 없는 단어다. 단 하나 내가 아는
   것은 법률 문장에서만 익숙한 '선량한 풍속'이라는 단어가 일본 민법을
   사용하다가 우리 법 곳곳에 계속 남은 것이며, 아직도 바꾸지 못하고
   그대로 사용한다는 것이다.

7 서울대 ○ 교수 성희롱 사건(대판 1998. 2. 10. 95다39533). 참고로 이
   사건 1심 판결(서울민사지판 1994. 4. 18. 93가합77840)에서는 "근로자
   개인의 존엄과 행복추구권, 인간의 존엄성이 보장되는 근로조건에서 일할
   권리 및 개인의 성적 자유에 대한 침해일 뿐 아니라 헌법과 근로기준법,

남녀고용평등법 등에서 보장되고 있는 고용과 근로에 있어서의 성차별금지원칙에 위배되는 위법한 행위"라는 논거를 구성했다. 당시 대법원이 밝힌 인격권에 더해, 1심 판결처럼 성적 자유에 대한 침해, 즉 성적 자기결정권이라는 기본권의 침해도 같이 언급했으면 좋았을 것이다.

8 2기 헌법재판소를 구성했던 황도연 전 헌법재판관은 판사로서 법원장과 사법연수원장을 지내고 헌법재판관으로 임명됐다. 그는 "개인적으로, 재판관으로 6년 있었지만 2년 6개월 정도 지나서 이른바 헌법감각이 들었다. 헌법감각이 금세 생기는 게 아니다. 법원에 오래 있을수록 헌법감각과 멀어지니……"라고 인터뷰하기도 했다. 이범준,《헌법재판소, 한국현대사를 말하다》, 궁리, 2009, 280~281쪽. 헌법재판을 능숙하게 다룰 정도가 되면 6년의 임기를 마칠 때가 된다고 아쉬워하는 헌법재판관들의 말도 법조계에 전해진다.

9 이노홍 교수는 개인 사이의 민사관계에 기본권이 영향을 미치는 문제는 전 세계적 공통 이슈이며, 민사관계에서 기본권 보호를 해야 하는 법원의 역할이 고민되는 지점이라 설명한다. 이노홍, 〈네덜란드 헌법상 기본권의 수평효(대사인효) 논의 고찰〉,《공법학연구》제19권 제1호, 한국비교공법학회, 2018, 229쪽 참조.

10 소송으로 가기 전 G는 노동위원회에 구제신청도 했는데, 서울지방노동위원회(서울지노위)에서는 회사가 이겼고(구제신청 기각), 이에 G는 중앙노동위원회(중노위)에 재심을 신청했다. 중노위에서는 서울지노위의 초심 판정을 취소하고 이 비행정지가 부당함을 인정하는 판정을 했다. 그러자 회사는 이에 불복해서 서울행정법원에 1심 소송을 제기했다.

11 대판(전원합의체) 2010. 4. 22. 2008다38288에 설시된 법리다. 대법관들은 보통 여러 개의 소부로 나뉘져 각각 사건을 맡는데, 판례 변경처럼 각 부에서 판단하는 게 적절하지 않은 경우 대법관 전원이 모여 사건을 판단하고 판결하는 것을 전원합의체 판결이라고 한다.

12 아시아나항공 조종사 턱수염 사건 1심(서울행판 2016. 5. 26. 2015구합67014).

13 아시아나항공 조종사 턱수염 사건 1심(서울행판 2016. 5. 26. 2015구합67014). 이 판결은 아래서 살펴보겠지만 기본권이 사인 간

법률관계에 효력을 미칠 때, 직접 적용할 수는 없고 민법 규정에 따라 간접적으로 적용된다는 법리를 내세웠다. 헌법학적으로 말하면 이 판결은 기본권의 대사인적 효력에 대해서 직접적 효력설이 아닌 간접적 효력설을 택한 것이다. 이 판결은 실제 사안에서 이 법리를 판단할 때는 비행정지의 필요성, 권리 남용 해당성 판단에서 고려된다고만 보았다. 그러나 이건 간접적 효력설을 잘못 적용한 것이다. 단지 판단 과정에서 기본권을 법적용의 고려요소 중 하나로만 취급한다면, 이것은 민법 일반 조항을 통한 기본권의 간접적인 대사인적 효력을 제대로 인정한 것이라 보기 어렵기 때문이다. 판단 과정에서 법적용의 고려요소 중 하나로만 볼 것이 아니라, 기본권 규정과 내용이 민법 규정의 해석에 주된 요소로 작용해야 간접적 효력설을 제대로 적용한 것이라 생각한다.

14 아시아나항공 조종사 턱수염 사건 3심(대판 2018. 9. 13. 2017두38560). 2심은 서울고판 2017. 2. 8. 2016누50206.

15 근로기준법 96조는 취업규칙이 법령에 어긋나서는 안 된다고 규정했는데, 취업규칙인 이 사건 용모 규정이 헌법 10조, 민법 103조에 위반된다는 것이다.

16 구분하자면 인격권은 '인간의 존엄과 가치'에서 도출되고 '성적 자기결정권'이나 '일반적 행동의 자유' 같은 권리는 행복추구권에서 나온다고 볼 수 있다.

17 헌법 제12조 ① 모든 국민은 신체의 자유를 가진다. 누구든지 법률에 의하지 아니하고는 체포·구속·압수·수색 또는 심문을 받지 아니하며, 법률과 적법한 절차에 의하지 아니하고는 처벌·보안처분 또는 강제노역을 받지 아니한다.
⑥ 누구든지 체포 또는 구속을 당한 때에는 적부의 심사를 법원에 청구할 권리를 가진다.

18 헌법 제24조 모든 국민은 법률이 정하는 바에 의하여 선거권을 가진다.

19 헌법 제12조 ② 모든 국민은 고문을 받지 아니하며, 형사상 자기에게 불리한 진술을 강요당하지 아니한다.

20 헌법 제27조 ① 모든 국민은 헌법과 법률이 정한 법관에 의하여 법률에 의한 재판을 받을 권리를 가진다.

21 헌법 제11조 ① 모든 국민은 법 앞에 평등하다. 누구든지 성별·종교 또는

사회적 신분에 의하여 정치적·경제적·사회적·문화적 생활의 모든 영역에 있어서 차별을 받지 아니한다.

헌법 제17조 모든 국민은 사생활의 비밀과 자유를 침해받지 아니한다.

22 헌법 제21조 ① 모든 국민은 언론·출판의 자유와 집회·결사의 자유를 가진다.

헌법 제32조 ① 모든 국민은 근로의 권리를 가진다.

헌법 제33조 ① 근로자는 근로조건의 향상을 위하여 자주적인 단결권·단체교섭권 및 단체행동권을 가진다.

예를 들어서 이런 법률 규정들이 있다. 구 남녀차별금지 및 구제에 관한 법률, 양성평등기본법(구 여성발전기본법), 남녀고용평등과 일·가정 양립 지원에 관한 법률, 국가인권위원회법 등에 성희롱 개념이 입법됐고 법원이 판례로 인정했다. 성희롱결정처분취소 사건(대판 2007. 6. 14. 2005두6461), 성인지 감수성 사건(대판 2018. 4. 12. 2017두74702)도 참고하면 좋다.

23 이동진 교수는 기본권의 대사인효가 재판에서 어떤 역할을 할 수 있는지에 대해 이렇게 설명했다. "기본권의 대사인효는 일반법원의 재판에서 다음 두 기능을 한다. 첫째, 민법의 해석, 운용을 기본권을 위시한 헌법에 지향시킨다. 그리하여 전체 법질서의 통일성을 제고한다. 둘째, 일반법원에 유용한 논증수단을 제공한다. 법률규정은 종종 해석의 여지를 남긴다. 일반법원의 임무 중 하나는 그중 어떤 해석이 옳은지를 결정하고, 나아가 그러한 결정에 대하여 설득력 있고 권위 있는 논증을 제시하는 것이다. 일반조항을 구체화하여 적용할 때에는 이러한 부담이 더욱 커진다. 민주적 정당성을 갖는, 그리하여 권위를 갖는 입법자가 정한 바가 적을수록 법관에게 더 큰 논증부담이 지워지기 때문이다. 이 점에서 경쟁의 자유, 표현의 자유, 양성의 평등이 중요하다고 말하는 것보다 그것이 헌법의 요청이기도 하다고 말하는 것이, 비록 레토릭rethoric이라 할지라도, 더 나은 전략이 된다." 이동진, 〈재산권 보장 조항(헌법 제23조 제1항)과 민법〉, 《비교사법》 제24권 제3호, 한국비교사법학회, 2017, 1194~1195쪽.

24 위의 글, 같은 쪽.

25 본래 법률 제정권은 국회 권한이지만(헌법 40조), 대통령도 국회에 법률안을 제출할 권한이 있다.

26 남아프리카공화국 헌법 2조 및 8조 2항에는 이와 같은 규정이 있다. 한동훈

외 4명, 《세계각국의 헌법체제 및 개별법체계 I : 칠레, 아르헨티나, 알제리, 남아프리카 공화국》, 한국법제연구원, 2009, 284; 287쪽 참조.

27 "앞서 본 바와 같이 이 사건 채용·절차에 관여한 피고의 면접위원 등 직원들은 객관성과 공정성이 결여된 세평조회를 실시하여 그 결과를 반영하는 등으로 원고의 객관적이고 공정한 채용절차에 대한 신뢰와 기대라는 법적 이익을 침해하였고, 원고는 위와 같은 불법행위로 인하여 직업의 선택 및 수행을 통한 인격권 실현 가능성에 커다란 타격을 입게 되는 등 정신적인 고통을 받았다고 봄이 상당하다. 따라서 피고는 이 사건 채용절차에 관여한 면접위원 등의 사용자로서 원고의 정신적 고통에 대한 위자료를 지급할 의무가 있다." 서울남부지판 2018. 10. 11. 2018가합100190.

28 A는 1심 소송부터 근로계약이 체결된 것을 전제로 해서 지급되지 않은 임금을 청구했다. 다만 법원이 최종합격과 근로계약 성립이 인정하지 않을 것에 대비해서 정신적 손해배상 청구도 덧붙였다. 법원은 2차 시험 합격만으로 최종합격과 근로계약이 체결됐다고 보지 않았다. 임금 청구는 기각됐고 대신 손해배상 청구가 인정된 것이다. 최종합격을 인정하지 않은 판결 이유는 이렇다. "피고의 직원으로 고용되기 위해서는 2차 면접전형뿐만 아니라 신체검사와 신원조사 후 원장의 임면을 거쳐야 하고, 피고의 인사관리규정에서는 '능력평가 및 면접고시 성적 우수자 중에서 신체검사에 이상이 없는 자를 대상으로 선발예정인원을 고려하여 합격자를 결정한다'고 정하고 있으며, 이 사건 공고에서 채용예정인원이 특정되어 있지 아니하였고, 피고는 이 사건 공고 등을 통해 이 사건 채용절차와 일정 등이 피고의 사정에 따라 변경될 수 있음을 명시하기도 한 점, 피고의 불법행위가 없었더라면, 즉 이 사건 채용절차가 객관적이고 공정하게 이루어졌더라도(세평조회의 실시 자체를 위법하다고 보기는 어려우나, 앞서 본 바와 같이 세평조회의 시기, 방법, 절차 및 그 결과 반영이 객관적이고 공정하게 이루어지지 아니하였다), 원고가 당연히 최종합격자로 결정되었을 것이라고 보기는 어려운 점 [후략]." 서울남부지판 2018. 10. 11. 2018가합100190.

29 워킹맘 채용 거부 사건 1심(서울행판 2019. 3. 21. 2018구합50376).

30 남녀고용평등법(남녀고용평등과 일·가정 양립 지원에 관한 법률)의 목적 조항은 이렇다.

제1조(목적) 이 법은「대한민국헌법」의 평등이념에 따라 고용에서 남녀의 평등한 기회와 대우를 보장하고 모성 보호와 여성 고용을 촉진하여 남녀고용평등을 실현함과 아울러 근로자의 일과 가정의 양립을 지원함으로써 모든 국민의 삶의 질 향상에 이바지하는 것을 목적으로 한다.

31 B와 회사의 계약처럼 시용계약 후 본채용을 거부하는 것도 해고에 해당하며, 본채용 거부를 함부로 할 수는 없고 객관적으로 합리적인 이유가 있어야 본채용을 하지 않을 수 있다는 것은 확립된 판례다(대판 2006. 2. 24. 2002다62432 등 참조). 이 사건 1심과 2심 모두 이러한 판례 법리를 인정했다. 다만 사실관계에 대한 판단과 결론이 달랐다.

32 워킹맘 채용 거부 사건 2심(서울고판 2019. 10. 24. 2019누41456).

33 워킹맘 채용 거부 사건 2심(서울고판 2019. 10. 24. 2019누41456).

34 워킹맘 채용 거부 사건 1심 판결 13쪽(서울행판 2019. 3. 21. 2018구합50376); 워킹맘 채용 거부 사건 1심 판결 8쪽(서울고판 2019. 10. 24. 2019누41456).

35 워킹맘 채용 거부 사건 1심 판결(서울행판 2019. 3. 21. 2018구합50376).

36 15세부터 49세까지 여성 한 명이 평생 낳을 것으로 예상되는 평균 자녀 수를 말한다. 다만 출산율을 국가 지표로 활용하는 국가정책적 관점이 여성을 출산 도구로 본다는 비판이 강하게 제기된다. 일리 있다. 출산율을 출생률로 바꾸고, 저출산을 저출생으로 고쳐 표기했다.

37 다만 형사재판에서 제한적인 수준에서만 국민이 직접 참여하는 국민참여재판제도를 시행하고 있다.

38 문재인 대통령이 발의한 대한민국 헌법 개정안의 제안 이유에 나오는 첫 문장이다. 대통령(문재인), 〈대한민국헌법 개정안〉, 2018년 3월 26일(의안번호 12670).

39 윤진호, 〈개항기 인천항 부두노동자들의 생존권 투쟁 : 〈조선신문〉 자료를 중심으로〉, 《황해문화 83호》, 새얼문화재단, 83호, 2014, 200쪽.

40 같은 글, 205~206쪽.

41 같은 글, 206쪽.

42 조선닷컴, 〈삼성 임직원 지켜야하는 '삼성 헌법'은 무엇?〉, 《조선비즈》, 2013년 5월 30일 자(https://biz.chosun.com/site/data/html_dir/2013/05/30/2013053002873.html); 김민섭, 《훈의 시대》, 와이즈베리, 2018,

121~123쪽 참조.

43 손해용, 〈'무노조 경영' 삼성전자, 창립 이래 첫 노조 생겼다〉, 《중앙일보》, 2018년 5월 31일 자 참조.

44 박영우, 〈이재용, 대국민 사과… '4세 승계-무노조 경영 포기' 선언〉, 《JTBC 뉴스룸》, 2020년 5월 6일 자 참조.

45 이 연구에 따르면, 손해배상 청구 금액이 '10억 원 이상'에 해당한다는 응답 중에서 100억 원 이상 200억 원 미만인 경우가 24명(10.3%), 200억 원 이상인 경우도 56명(24%)이나 됐다. 일반적으로 100명 중 6명이 조금 넘는 사람(6.3%)만이 우울증상을 겪는다. 그런데 손배가압류를 겪은 남성 노동자의 경우에는 이보다 11배, 여성 노동자의 경우에는 10배가 넘었다. 최근 1년 동안 진지하게 자살을 생각해본 적이 있다고 응답한 숫자는 일반 노동자에 비해서 손배가압류를 겪은 남성 노동자가 19배, 여성 노동자가 14.3배가량 높았다. 실제 자살을 시도한 비율도 상대적으로 크게 나타났다. 손배가압류를 겪은 사람들은 소외감이나 고립감을 느끼며 스스로를 자책하기도 했다. 80.3퍼센트의 조사 대상자가 '손배가압류를 당하지 않은 사람들은 나를 이해할 수 없을 것이다'라고 했고, 65.7퍼센트는 '내가 손배가압류를 당한 것이 남들에게 부담을 줄까봐 내 이야기를 많이 하지 않는다'고 답했다. 37.3퍼센트는 '손배가압류를 당했다는 사실이 수치스럽고 당혹스럽다'고 응답했으며, 32.6퍼센트는 '손배가압류를 당한 나 자신이 실망스럽다'고도 말했다고 한다. 박주영, 《"갚을 수 없는 돈, 돌아오지 않는 동료" 손배가압류 피해노동자 236명 실태조사 결과 발표 자료집》, 손잡고·고려대학교 일반대학원 보건과학과 김승섭 교수 연구팀·심리치유센터 와락, 2019, 14~15쪽 참조.

46 최누림, 〈불법쟁의행위에 따른 손해배상책임의 주체〉, 서울시립대 석사학위논문, 2010, 69쪽 참조.

47 조경배, 〈노동3권 행사에 대한 대응의 해외 입법례 및 실무례〉, 《2018년 노동3권을 제한하는 소송남용에 대한 대책 토론회 자료집》 서울지방변호사회, 39, 48~49, 58~59쪽 참조.

48 업무방해죄 사건(헌재 2010. 4. 29. 2009헌바168, 합헌).

49 "노동쟁의조정법 제8조에 의하여 민사상 배상책임이 면제되는 손해는 정당한 쟁의행위로 인한 손해에 국한된다고 풀이하여야 할 것이고,

정당성이 없는 쟁의행위는 불법행위를 구성하고 이로 말미암아 손해를 입은
사용자는 노동조합이나 근로자에 대하여 그 손해배상을 청구할 수 있다."
동산의료원 사건(대판 1994. 3. 25. 93다32828, 32835)이다. 이 판결은
쟁의행위 범위를 정당한 것만으로 처음 '국한'시킨 최초 판결이다. 계속
판례로 유지되고 있다.

50 대판 2001. 6. 12, 2001도1012 등 여러 판례가 있다.

51 정당방위, 긴급피난과 비슷한 제도다. 범죄를 구성하는 요건이
충족되었더라도 법령, 업무, 기타 사회상규에 따른 행위는 적법하다고 보는
것이다. 위법성 조각 사유라고 한다. 우리 형법 20조에 일반적인 규정이
있고, 노동조합법 4조에도 노동조합의 정당한 단체교섭·쟁의행위 등에 형법
20조가 적용된다는 특별규정이 있다.

52 김진, 〈쟁의행위 손해배상 판례 법리의 문제점〉,《2014년 '파업과 손해
그리고 질문들' 토론회 자료집》, 58~60쪽 참조.

53 "불법휴무로 인하여 조업을 하지 못함으로써 그 업체가 입는 손해로는,
조업중단으로 제품을 생산하지 못함으로써 생산할 수 있었던 제품의 판매로
얻을 수 있는 매출이익을 얻지 못한 손해와 조업중단의 여부와 관계없이
고정적으로 지출되는 비용(차임, 제세공과금, 감가상각비, 보험료 등)을
무용하게 지출함으로써 입은 손해를 들 수 있다. 손해의 배상을 구하는
측에서는 불법휴무로 인하여 일정량의 제품을 생산을 하지 못하였다는
점뿐만 아니라, 생산되었을 제품이 판매될 수 있다는 점까지 입증하여야
할 것이지만, 판매가격이 생산원가에 미달하는 소위 적자제품이라거나
조업중단 당시 불황 등과 같은 특별한 사정이 있어서 장기간에 걸쳐 당해
제품이 판매될 가능성이 없다거나, 당해 제품에 결함 내지는 하자가 있어서
판매가 제대로 이루어지지 않는다는 등의 특별한 사정의 간접반증이
없는 한, 당해 제품이 생산되었다면 그 후 판매되어 당해 업체가 이로 인한
매출이익을 얻고 또 그 생산에 지출된 고정비용을 매출원가의 일부로 회수할
수 있다고 추정함이 상당하다." 대판 1993. 12. 10. 93다24735.

54 대법원과 다른 하급심 판결도 가끔 나온다. 정당하게 시작된 쟁의행위가 그
수단 측면에서 위법한 점이 있다고 할지라도 당연히 사용자인 원고 회사가
부담해야 할 손해는 배상을 청구할 수 없다고도 봤다. 노조가 쟁의행위
과정에서 정당한 한계를 벗어난 수단을 취해서 회사가 입게 된 손해로

배상액수를 한정시킨 판결이다. 서울남부지판 2007. 9. 14. 2005가합4957.

55 더 큰 문제는 노조도 없고 만들 형편도 못되는 비정규직 노동자, 중소기업 직원들일 것이다. 세부 쟁점으로는 앞서 간단히 언급한 기본권 규정의 반영, 정당한 쟁의행위에 대한 엄격한 조건, 손해배상액 추정 문제가 있다. 노조와 노조 간부뿐만 아니라 단순 파업 참가자들에게도 손해배상을 청구하는 것도 제한될 필요가 있다.

56 노동법학자들과 실무가들의 논문도 다수 발표됐다. 특히 실제 재판에서 문제의식을 발견한 전현직 법관들의 글 중 눈에 띄는 것은 다음과 같다. 김선수, 〈노동기본권을 무력화하는 손해배상 가압류 및 업무방해죄〉, 《'손배가압류 등 노동현안으로 본 박근혜정부 1년 평가와 개선방향' 2014년 경실련 토론회 자료집》, 경실련, 2014; 신권철, 〈쟁의행위와 민사책임: 판례분석을 중심으로〉, 《법조》 60권 6호, 법조협회, 2011; 유지원, 〈쟁의행위에서 손해배상책임의 대상이 되는 행위와 그 주체〉, 《노동법실무연구 1권 : 김지형 대법관 퇴임기념》, 사법발전재단, 2011; 최누림, 〈불법쟁의 행위에 따른 손해배상책임의 주체〉, 《노동법 실무연구》 재판자료 제118집, 법원도서관, 2009.

변호사들의 연구는 이렇다. 김기덕, 〈위법쟁의행위와 책임 보론〉, 《노동조합 및 노동관계조정법 주해 Ⅱ권》, 박영사, 2015; 김진, 〈쟁의행위 손해배상 판례 법리의 문제점〉, 《'파업과 손해 그리고 질문들' 2014 공동 심포지엄 자료집》, 손잡고·노동법연구소 해밀·국회의원 은수미 의원실·전해철 의원실, 2014; 도재형, 〈쟁의행위의 정당성과 민사책임〉, 《노동변론 2002》 가을 5호, 민주사회를위한변호사모임, 2002; 송영섭, 〈우리나라 노동3권 행사에 대한 대응방법으로서의 손해배상청구권 행사와 법률적 문제점〉, 《노동3권을 제한하는 소송남용에 대한 대책 토론회 자료집》, 서울지방변호사회, 2018.

법학자의 연구도 많다. 조경배, 〈쟁의행위에 대한 손해배상 청구의 문제점 및 노동인권 보장을 위한 개선방안〉, 《쟁의행위에 대한 손해배상·가압류 실태 파악 및 개선방안 마련을 위한 토론회 자료집》, 국가인권위원회, 2015; 송강직, 〈쟁의행위와 민사책임〉, 《노동법학》 제9호, 한국노동법학회, 1999 등이 있다. 한편 2014년 9월에는 한국노동법학회와 서울시립대 법학연구소가 국제학술대회(쟁의행위와 책임)를 열어 독일, 프랑스, 일본

등 외국 노동법학자들과 한국의 이 문제를 다루기도 했다.

57 수차례 개정 법안을 제출한 국회의원들도 있으나, 실제 개정으로 이어지지
못했다.

58 경영권 사건(대판 2003. 7. 22. 2002도7225).

59 이병희, 〈경영사항의 단체교섭 및 쟁의행위 대상성〉, 《노동법 실무연구》
재판자료 제118집, 법원도서관, 2009, 333, 335쪽 참조.

60 양건, 《헌법강의》, 법문사, 2009, 560쪽 참조.

61 경영권 사건(대판 2003. 7. 22. 2002도7225).

62 같은 주장으로 이병희, 앞의 글, 333~336쪽 참조.

63 대판 2002. 2. 26. 99도5380; 2003. 3. 28. 2002도6060 등. 경영권 사건
이후 대법원은 경영권을 기본권으로 인정해서 이 사건 판결과 같은 논리를
따르기도 하고(대판 2003. 11. 13. 2003도687 등), 용어에 대한 비판을
감안해서 그런지 1장에서 나온 아시아나항공 조종사 턱수염 사건에서는
경영권 대신 영업의 자유라 하기도 했다.

64 장하준, 《그들이 말하지 않는 23가지: 장하준 더 나은 자본주의를 말하다》,
김희정·안세민 옮김, 부키, 2010, 189~192쪽 참조.

65 미국산 광우병 쇠고기 사건(헌재 2008. 12. 26. 2008헌마419, 합헌).

66 미국산 광우병 쇠고기 사건(헌재 2008. 12. 26. 2008헌마419, 합헌).

67 미국산 광우병 쇠고기 사건(헌재 2008. 12. 26. 2008헌마419, 합헌).

68 미국산 광우병 쇠고기 사건(헌재 2008. 12. 26. 2008헌마419, 합헌) 결정의
반대의견.

69 "비록 헌법에 명문의 규정이 없다 하더라도 인간의 생존본능과 존재목적에
바탕을 둔 선험적이고 자연법적인 권리로서 헌법에 규정된 모든 기본권의
전제로서 기능하는 기본권 중의 기본권이라 할 것이다." 헌재 1996. 11. 28.
95헌바1.

70 헌법 제12조 ① 모든 국민은 신체의 자유를 가진다. 누구든지 법률에
의하지 아니하고는 체포·구속·압수·수색 또는 심문을 받지 아니하며,
법률과 적법한 절차에 의하지 아니하고는 처벌·보안처분 또는 강제노역을
받지 아니한다.

71 성폭력범죄자의 성충동 약물치료 사건(헌재 2015. 12. 23. 2013헌가9,
헌법불합치).

72 정원식, 〈경부고속 건설 중 사망 77명 맞나?〉, 《위클리경향》 863호, 2010년
    2월 16일 자.

73 청와대, 〈건설현장 후진국형 사고 부끄럽다…획기적 줄여야〉, 대한민국
    정책브리핑(www.korea.kr), 2020년 11월 17일 자 참조.

74 산업안전보건법 사건(헌재 2017. 10. 26. 2017헌바166, 합헌).

75 산업안전보건법 사건(헌재 2017. 10. 26. 2017헌바166, 합헌).

76 산업안전보건법 사건(헌재 2017. 10. 26. 2017헌바166, 합헌).

77 서울중앙지판 2020. 5. 14. 2019나65087.

78 1988년 제5공화국 청문회(https://www.youtube.com/
    watch?v=fm1xkbLypdk).

79 Chico Harlan, World After ferry disaster, a Katrina-like reckoning
    in South Korea, *The Washington Post*, April 27, 2014(https://
    www.washingtonpost.com/world/after-ferry-disaster-a-katrina-
    like-reckoning-in-south-korea/2014/04/27/963586ca-cd21-11e3-
    a75e-463587891b57_story.html).

80 박현수, 〈허리케인 카트리나가 주는 세월호 참사의 교훈〉, 《프레시안》,
    2014년 6월 16일 자(https://www.pressian.com/pages/articles/118022).

81 김정욱, 〈부시, 카트리나 재난 대응 잘못해서 무능력한 지도자로 전락〉,
    《중앙일보》, 2009년 1월 6일 자.

82 《워싱턴포스트》도 동일한 지적을 한다. "한국은 건물 붕괴부터 비행기
    추락까지 이르는 재난의 역사를 가지고 있다. 발전과 성장만 치중한
    국가에서 무능력한 실패가 나타났다. 이번에 세월호가 서서히 가라앉던
    장면은 카트리나 시점이 됐다." Chico Harlan, World After ferry disaster,
    a Katrina-like reckoning in South Korea, *The Washington Post*, April 27,
    2014(https://www.washingtonpost.com/world/after-ferry-disaster-a-
    katrina-like-reckoning-in-south-korea/2014/04/27/963586ca-cd21-
    11e3-a75e-463587891b57_story.html).

83 2018년 3월 26일 헌법 128조 1항에 따라 발의하여 국회에 제출된 문재인
    대통령 개헌안을 '2018년 대통령 개헌안'이나 '개헌안'이라 표시한다.

84 제1공화국부터 제6공화국으로 구분 짓는 것은 일부 정치학자들이 붙인
    용어고 공법학의 용어는 아니지만 널리 쓰이고 있어서 사용한다.

85 국립국어원에 따르면 '성실'이란 '정성스럽고 참되다'란 뜻이다.

86 교수노조 합법화 사건(헌재 2018. 8. 30. 2015헌가38, 헌법불합치). 교원의
    노동조합 설립 및 운영 등에 관한 법률(2010. 3. 7. 법률 제10132호로
    개정된 것)에서는 초중등교육법에 따른 교원에게만 단결권을 인정했고,
    고등교육법에 따른 대학 교원에게는 적용하지 않았다. 헌재는 대학 교원이
    노조를 만들 단결권을 인정하지 않는 교원노조법 2조가 헌법에 합치되지
    않는다고 판단했다.

87 민경식, 〈헌법상의 직업 공무원 제도〉, 《법학논문집》 17호, 중앙대학교
    법학연구소, 1992, 75쪽 참조.

88 김재범, 〈주주 충실의무론의 수용─이사 충실의무와 관련하여〉, 《비교사법》
    22권 1호, 한국비교사법학회, 2015, 183쪽 각주 16번 참조. 본래
    게르만족의 주군과 병사 관계에서 유래한 이 단어는 사적 관계에서 신의,
    성실을 뜻하기도 하고 고용계약에서 노동자가 그 계약을 성실히 준수할
    의무를 의미하기도 했다.

89 통계청, 〈2018 일·가정 양립 지표〉, 통계청, 2018 참조.

90 전시근로동원법(1953. 6. 3. 법률 제292호 제정, 1953. 7. 4. 시행, 1999. 2.
    8. 폐지)의 1조 목적은 이렇다. "본법은 전쟁완수 또는 재해복구에 필요한
    중요업무에 종사케 하기 위하여 국민의 근로를 동원함을 목적으로 한다."

91 요한 하위징아, 《호모 루덴스》(개정판), 이종인 옮김, 연암서가, 2018, 21쪽
    참조.

92 같은 책, 376~377쪽 참조.

93 같은 책, 343~344쪽 참조.

94 헌법 제119조 ① 대한민국의 경제질서는 개인과 기업의 경제상의 자유와
    창의를 존중함을 기본으로 한다.

95 이오덕, 《우리말로 살려놓은 민주주의 헌법: 이오덕 우리말 바로 쓰기》,
    고인돌, 2012 참조.

96 배철현, 〈[배철현의 승화] 배역配役〉, 《한국일보》, 2016년 12월 8일 자 참조.

97 정치학대사전편찬위원회, 《21세기 정치학대사전》,
    한국사전연구사(https://terms.naver.com/entry.nhn?docId=727683&cid=
    42140&categoryId=42140).

98 "이소노미가 평등을 보장한 것은 모든 인간이 평등하게 태어나거나

창조되었기 때문이 아니라 도리어 본질적으로 평등하지 않으므로 법을 통해 자신들을 평등하게 만들어주는 인위적인 제도, 즉 폴리스를 필요로 했기 때문이었다." 한나 아렌트,《혁명론》, 홍원표 옮김, 한길사, 2004, 98쪽.

99 손현성,〈국민 81% '법 앞에 평등하지 않다'〉,《내일신문》, 2016년 8월 31일 자 참조.

100 이렇듯 평등권은 고유의 영역이 없기 때문에 기본권으로만 부를 수 없고 평등 원칙이라 부르기도 한다. 이 글에서는 평등 원칙 위반과 평등권 침해를 유사한 내용으로 본다.

101 프랑코 '비포' 베라르디,《죽음의 스펙터클》, 송섬별 옮김, 반비, 2016 참조.

102 "20세기 두 차례의 세계대전을 (유럽 등이 겪으면서) 과거를 지워버리고 자본수익률을 크게 낮췄으며, 그 대문에 자본주의 구조적 모순이 극복되었다는 환상이 생겨났다." 토마 피케티,《21세기 자본》, 장경덕 옮김, 글항아리, 2014, 690쪽. 우리의 경우는 한국전쟁이 '슬픈 평등'을 가져왔고, 일본 경제성장의 발판이 되지 않았나 싶다.

103 Howard Schweber, Affirmative Action, *The Oxford Companion to American Law*, ed. Kermit L. Hall, The Oxford University Press, 2002, 10쪽.

104 에드워드 케네디 지음,《케네디가의 형제들》, 구계원 옮김, 현암사, 2010, 321쪽.

105 Howard Schweber, 앞의 책, 같은 쪽. 이후 공공계약뿐만 아니라 공무원 임용, 고등교육 등에서도 적극적 평등실현조치를 실행해나갔다.

106 청년고용할당제 사건(헌재 2014. 8. 28. 2013헌마553, 합헌); 제대군인 가산점 사건(헌재 1999. 12. 23. 98헌마363, 위헌) 등.

107 청년고용할당제 사건(헌재 2014. 8. 28. 2013헌마553, 합헌)의 반대의견 참조.

108 청년고용할당제 사건(헌재 2014. 8. 28. 2013헌마553, 합헌)의 반대의견.

109 청년고용할당제 사건(헌재 2014. 8. 28. 2013헌마553, 합헌)의 반대의견.

110 제대군인 가산점 사건(헌재 1999. 12. 23. 98헌마363, 위헌) 등.

111 사회적 신분을 어떻게 해석할지에 대한 자세한 논의는 다음을 참조할 것. 이종수,〈'사회적 신분'에 의한 차별금지의 헌법적 의미〉,《공법연구》제31집 제1호, 한국공법학회, 2002, 362쪽.

112 청년고용할당제 사건(헌재 2014. 8. 28. 2013헌마553, 합헌).

113 청년고용할당제 사건(헌재 2014. 8. 28. 2013헌마553, 합헌).

114 청년고용할당제 사건(헌재 2014. 8. 28. 2013헌마553, 합헌) 결정의
반대의견.

115 청년고용할당제 사건(헌재 2014. 8. 28. 2013헌마553, 합헌) 결정의
반대의견.

116 청년고용할당제 사건(헌재 2014. 8. 28. 2013헌마553, 합헌)의 법정의견.

117 청년고용촉진 특별법(법률 제16195호) 개정 내용이다.

118 김수현, 〈고달픈 외환위기 후 청년…"생애 소득, 전 세대보다 낮을 수도"〉,
《연합뉴스》, 2019년 2월 19일 자 참조. 물론 한국에서만 일어나는 문제는
아니다. 미국 청년 세대의 소득이동성 감소에 대한 연구로는 다음을 참조.
Raj Chetty 외, The Fading American Dream: Trends in Absolute Income
Mobility Since 1940, *NBER Working Paper* no. 22910, 2016, p.18 참조.

119 양심적 병역거부 1차 결정(헌재 2004. 8. 26. 2002헌가1) 등.

120 〈김어준의 뉴스공장〉, tbs, 2017년 12월 26일 자 인터뷰.

121 신형철, 《몰락의 에티카》, 문학동네, 2008, 19쪽 참조.

122 양심적 병역거부 1차 사건 때는 구 병역법(법률 제5757호로 개정된
것)이었고, 2차 사건 때 구 병역법의 같은 조항(법률 제7272호로 개정된
것)에서는 1차 때와 소집기일부터 입영 기피를 판단하는 기간이 5일에서
3일로 줄었다.

123 대판 2004. 7. 15. 2004도2965.

124 양심적 병역거부 1차 사건(헌재 2004. 8. 26. 2002헌가1).

125 양심적 병역거부 2차 사건(헌재 2011. 8. 30. 2008헌가22, 합헌).

126 양심적 병역거부 3차 사건(헌재 2018. 6. 28. 2011헌바379, 헌법불합치).

127 양심적 병역거부 3차 사건(헌재 2018. 6. 28. 2011헌바379, 헌법불합치).

128 양심적 병역거부 1차 사건 결정에도 이러한 문제 인식은 나와 있다.
"병역기피자는 이 사건 법률조항에 의하여 형사처벌을 받는 것은
물론이고, 공무원, 임·직원으로의 취업을 제한받고 각종 관허업의
허가·인가·면허 등을 받을 수 없으며(병역법 제76조), 형사처벌을 받은
후에도 공무원임용자격이 상당한 기간 동안 박탈되는 등(국가공무원법
제33조 등) 사회적으로 막대한 불이익을 받게 된다."

129 양심적 병역거부 3차 사건(헌재 2018. 6. 28. 2011헌바379, 헌법불합치).

130 국사편찬위원회, 《고문서에게 물은 조선 시대 사람들의 삶》, 두산동아,

2009(http://contents.history.go.kr/mobile/km/view.do?levelId=
km_028_0050_0030_0010) 참조.

131 같은 자료 참조.

132 헌법 111조 1항, 헌법재판소법 68조 1항, 2항.

133 로널드 드워킨,《법과 권리Taking Rights Seriously》, 염수균 옮김, 한길사, 2010,
392~393쪽.

134 물론 사법에 대한 국민의 참여와 감시는 계속 강조되고 확대돼야 한다.
법원이 여론으로부터 독립하는 것과 국민의 사법권에 대한 참여와 감시는
모두 포기 할 수 없는 원칙이다.

135 법률 제1003호, 1962. 1. 20. 제정, 시행.

136 국가가 신체의 자유를 제한해서 시민에게 징역형을 부과하거나 재산권을
제약해서 벌금형을 부과하려면 미리 정한 법률에 따라서만 해야 하고
그렇지 않으면 처벌할 수 없다는 것이 법률주의를 포함하는 형사법의 핵심
원칙인 죄형법정주의다. 그래서 죄형법정주의는 신체의 자유를 침해해서
위헌이냐 아니냐를 판단할 때 그 위헌심사기준으로 작용한다.

137 군형법 추행죄 1차 사건(헌재 2002. 6. 27. 2001헌바70, 합헌); 군형법
추행죄 2차 사건(헌재 2011. 3. 31. 2008헌가21, 합헌).

138 구 군형법〔법률 제9820호, 2009. 11. 2, 일부개정〕제92조의5 (추행)
계간鷄姦이나 그 밖의 추행을 한 사람은 2년 이하의 징역에 처한다.
〔본조신설 2009.11.2〕

139 국회와 법제처는 법을 개정하면서 자者를 사람으로 바꿔 쓰고 있다. 예전에
만든 법에는 한자말을 많이 썼다. 그래서 가급적 우리말로 알기 쉽게 하는
작업의 일환이다. 그런데 자者를 바꾸지 않고 그냥 두거나 일부러 쓰는
때도 있다. 법에서 실제 인간을 뜻하는 자연인뿐만 아니라 법인法人을 함께
포함해야 할 때 그렇다.

140 계간도 함께 판단해야 하는 것 아니냐는 문제가 제기될 수 있는데 우리나라
헌법재판은 구체적으로 실제 법원의 재판에서 문제된 것만 다룬다. 이를
추상적인 규범통제제도가 아니라 구체적인 규범통제제도라 한다. 실제
사건이 추행 여부가 문제된 사건이지 항문 성교에 관한 사건이 아니었기
때문에 한정해서 헌재에서 다룬 것이다.

141 군형법 추행죄 3차 사건(헌재 2016. 7. 28. 2012헌바258, 합헌). 이는 대법원

판례의 표현과 유사하다. "군형법 제92조에서 말하는 '추행'이라 함은 계간(항문 성교)에 이르지 아니한 동성애 성행위 등 객관적으로 일반인에게 혐오감을 일으키게 하고 선량한 성적 도덕관념에 반하는 성적 만족 행위로서 군이라는 공동사회의 건전한 생활과 군기를 침해하는 것이라고 할 것 [후략]." 대판 2008. 5. 29. 2008도2222 등 참조.

142 군형법 추행죄 3차 사건(헌재 2016. 7. 28. 2012헌바258, 합헌) 결정의 법정의견(다수의견).

143 군형법 추행죄 3차 사건(헌재 2016. 7. 28. 2012헌바258, 합헌) 결정의 소수의견(재판관 김이수, 재판관 이진성, 재판관 강일원, 재판관 조용호의 반대의견). "우리는 심판대상조항이 죄형법정주의의 내용인 형벌법규의 명확성원칙에 반하여 헌법에 위배된다고 판단하므로 아래와 같이 반대의견을 밝힌다."

144 군형법 추행죄 3차 사건(헌재 2016. 7. 28. 2012헌바258, 합헌) 결정의 다수의견이 인용한 대법원 판결을 말한다. "그런데 심판대상조항은 범죄구성요건으로 오로지 '계간이나 그 밖의 추행'이라고만 규정함으로써, 형법이나 성폭력처벌법에서와 같이 '강제성을 수반하는 행위'만이 이에 해당하는지, 아니면 '강제성을 수반하지 않는 음란한 행위'까지 이에 해당하는지를 법해석기관에 맡겨놓고 있으며, 이에 따라 대법원도 군형법상 추행죄의 보호법익을 '개인의 성적 자유'가 아닌 '군이라는 공동사회의 건전한 생활과 군기'라는 전제 아래, 2009년 개정되기 전의 구 군형법 제92조의 '기타 추행'에는 강제력 행사를 수반하지 않는 추행행위도 이에 해당된다고 판시한 바 있다." 대판 2008. 5. 29. 2008도2222 참조.

145 군형법 추행죄 3차 사건(헌재 2016. 7. 28. 2012헌바258, 합헌) 결정의 반대의견(소수의견). 군형법 추행죄 2차 사건(헌재 2011. 3. 31. 2008헌가21, 합헌) 결정의 반대의견(재판관 김종대, 재판관 목영준, 재판관 송두환의 반대의견)도 참조.

146 일반 형법은 강제성이 없는 음란죄와 강제성이 있는 추행죄의 법정형이 다르다.

형법 제245조(공연음란) 공연히 음란한 행위를 한 자는 1년 이하의 징역, 500만원 이하의 벌금, 구류 또는 과료에 처한다.

제298조(강제추행) 폭행 또는 협박으로 사람에 대하여 추행을 한 자는 10년

이하의 징역 또는 1천500만원 이하의 벌금에 처한다.

147 군형법[시행 2013. 6. 19. 법률 제11734호, 2013. 4. 5. 일부개정해서
제92조의5에서 제92조의6로 이동] 제92조의6(추행) 제1조제1항부터
제3항까지에 규정된 사람에 대하여 항문성교나 그 밖의 추행을 한 사람은
2년 이하의 징역에 처한다.

148 현재 군형법에는 폭행, 협박으로 인한 강제추행죄만 규정되어 있다.
군형법 제92조의3(강제추행) 폭행이나 협박으로 제1조제1항부터
제3항까지에 규정된 사람에 대하여 추행을 한 사람은 1년 이상의
유기징역에 처한다. [본조신설 2009. 11. 2. 제92조의2에서 이동 2013. 4. 5.]

149 군형법 추행죄 3차 사건 결정은 2차 사건 결정에서 같은 내용을 가져왔다.
그 내용에는 대판 2002. 4. 26. 2001도2417; 대판 2008. 5. 29. 2008도2222
등이 참조되었다.

150 군형법 추행죄 3차 사건(헌재 2016. 7. 28. 2012헌바258, 합헌) 결정 중
다수의견.

151 최유, 〈한국에서 성소수자의 법적 지위의 변화와 전망〉, 《중앙법학》 제16집
제3호, 중앙법학회, 2014, 86~87쪽.

152 같은 글, 86쪽.

153 박정훈, 〈행정법과 '민주'의 자각 - 한국 행정법학의 미래 -〉, 《행정법연구》
제53호, 행정법이론실무학회, 2018, 8쪽 참조.

154 이동진, 〈재산권 보장 조항(헌법 제23조 제1항)과 민법〉, 《비교사법》 제24권
제3호(통권 제78호), 한국비교사법학회, 2017, 1205쪽 참조.

155 정관영 외, 〈사회보장수급권에 대한 헌법 제37조 제2항의
위헌심사기준 - 공공부조를 중심으로 -〉, 《사회보장법연구》 3권 2호,
서울대사회보장법연구회, 2014, 165쪽 참조.

156 1997년 생활보호법 사건(헌재 1997. 5. 29. 94헌마33, 합헌).

157 2004년 국민기초생활 보장법 사건(헌재 2004. 10. 28. 2002헌마328, 합헌).

158 정관영 외, 앞의 글 188~190쪽 참조.

159 2012년 국민기초생활 보장법 사건(헌재 2012. 2. 23. 2009헌바47, 합헌).

160 시각장애인만 안마사 자격을 부여하게 한 법 조항에 대해 헌재가 그
위헌 여부를 판단한 일련의 사건을 말한다. 헌재는 2006년 이 조항이
시각장애인이 아닌 일반인의 직업선택의 자유를 침해한다고 결정했다.

그러자 시각장애인들은 거세게 반발했다. 국회는 헌재 결정의 취지를
따르지 않고, 계속 시각장애인들만 안마사 자격이 있다고 기존 법을
유지하는 방향으로 개정했다. 개정법 조항이 재차 위헌 심판대에
올랐고, 헌재도 2008년 합헌을 선언했다. 이후 동일 쟁점의 사건에서도
마찬가지였다.

161 자세한 것은 정관영 외, 앞의 글, 187쪽 이하 참조.

162 2005. 12. 23. 법률 제7738호로 개정되고, 2012. 2. 1. 법률 제11248호로
개정되기 전의 것.

163 2012년 국민기초생활 보장법 사건(헌재 2012. 2. 23. 2009헌바47, 합헌).

164 2012년 국민기초생활 보장법 사건(헌재 2012. 2. 23. 2009헌바47, 합헌).

165 2012년 국민기초생활 보장법 사건(헌재 2012. 2. 23. 2009헌바47, 합헌).

166 정관영 외, 앞의 글, 194쪽 이하를 다시 고쳐서 썼다.

167 실제로 이 법의 시행규칙이 2000. 8. 18. 보건복지부령 제169호로 제정된
이후 2007. 12. 28. 개정으로 약간 추가되는 항목이 있는 경우를 제외하고는
거의 비슷한 모습을 보인다. 김진곤, 〈사회보장법과 포괄위임의 범위와
한계〉, 《사회보장법학》 통권 4권, 한국사회보장법학회, 2013, 68쪽 참조.

168 물론 법률에 더 자세하게 규정할 수도 있었는데 그렇게 하지
않고 하위법령에 위임했다는 점에서 이상적으로 규정한 것은
아니다. 다만 개정법이 구체적인 세부 내용을 하위법령 중 더
높은 대통령령(국민기초생활 보장법 시행령)에 위임했고,
보건복지부령(국민기초생활 보장법 시행규칙)에 위임한 건 아니라는
점에서 긍정적인 평가가 가능하다.

169 2015년 국민기초생활 보장법 시행령〔시행 2015. 7. 1. 대통령령
제26206호, 2015. 4. 20. 일부개정)을 개정할 때, 개별가구의 소득평가액
및 재산의 소득환산액의 산정 기준을 시행령에 직접 규정했다. 소득으로
환산하는 재산은 토지 등의 일반 재산, 현금, 보험 등의 금융재산 및 자동차
등으로 하고, 재산의 환산액은 재산가액에서 기본 재산액 및 부채를 공제한
금액에 이자율, 물가상승률, 부동산 및 전세 가격 상승률 등을 고려하여
보건복지부 장관이 정하는 소득환산율을 곱한 금액으로 하는 내용이다.

170 김진국, 〈〔김진국의 퍼스펙티브〕 국회의원 미워도 국회는 살려야 한다〉,
《중앙일보》, 2019년 2월 21일 자 참조.

헌법에 없는 언어

초판 1쇄 펴낸날   2021년 1월 25일
지은이   정관영
펴낸이   박재영
편집   이정신·임세현·한의영
마케팅   김민수
디자인   조하늘
제작   제이오
펴낸곳   도서출판 오월의봄
주소   경기도 파주시 회동길 363-15 201호
등록   제406-2010-000111호
전화   070-7704-2131
팩스   0505-300-0518
이메일   maybook05@naver.com
트위터   @oohbom
블로그   blog.naver.com/maybook05
페이스북   facebook.com/maybook05
인스타그램   instagram.com/maybooks_05

ISBN   979-11-90422-60-4 03360

만든 사람들
책임편집   이정신
디자인   조하늘